***ACCESO GRATIS* a la Lectura en la Nube**

Para visualizar el libro electrónico en la nube de lectura envíe junto a su nombre y apellidos una fotografía del código de barras situado en la contraportada del libro y otra del ticket de compra a la dirección:

ebooktirant@tirant.com

En un máximo de 72 horas laborales le enviaremos el código de acceso con sus instrucciones.

CURSO DE RETÓRICA PARA LA ARGUMENTACIÓN JURÍDICA

Procedimiento de selección de originales, ver página web:
www.tirant.net/index.php/editorial/procedimiento-de-seleccion-de-originales

CURSO DE RETÓRICA PARA LA ARGUMENTACIÓN JURÍDICA

Iván Adelchi Peña Estrada

tirant lo blanch
Ciudad de México, 2025

En caso de erratas y actualizaciones, la Editorial Tirant lo Blanch publicará la pertinente corrección en la página web www.tirant.com.

© TIRANT LO BLANCH
EDITA: TIRANT LO BLANCH
Av. Tamaulipas 150, Oficina 502
Hipódromo, Cuauhtémoc,
CP 06100, Ciudad de México
Telf: +52 1 55 65502317
infomex@tirant.com
www.tirant.com/mex/
ISBN: 978-84-1095-090-0

Si tiene alguna queja o sugerencia, envíenos un mail a: *atencioncliente@tirant.com*. En caso de no ser atendida su sugerencia, por favor, lea en *www.tirant.net/index.php/empresa/politicas-de-empresa* nuestro procedimiento de quejas.

Responsabilidad Social Corporativa: http://www.tirant.net/Docs/RSCTirant.pdf

Índice

Prólogo

Con satisfacción, inicio estas reflexiones, con ocasión del texto, *Curso de Retorica para la Argumentación Jurídica,* del joven maestro Ivan Adelchi Peña Estrada, libro que se relaciona con una temática, que por largos años ha concentrado mi preocupación.

En efecto, en el campo de la epistemología jurídica, se ha producido una multiplicidad de enfoques, que apuntan a revisar la naturaleza y función que cumplen, el derecho en la sociedad contemporánea.

El aporte de Kelsen, orientado a identificar la esencia normativa y aspirar a una ciencia jurídica formal, lejos de los factores condicionantes de la misma, suponiendo que las normas son, creaciones humanas, que, una vez publicadas por los órganos competentes respectivo, adquieren vida propia. Así, el legislador es un ente mítico que crea leyes y normas neutras y purificadas. Dicha visión positivista, ha dominado por largo tiempo, la ciencia jurídica tradicional, tanto en Europa como Latinoamérica y México. Integran de esta manera, el sistema o familia continental-románico del derecho.

En dicho escenario jurídico-cultural, la enseñanza del derecho, se ha convertido en una narrativa lineal, en la cual, la fuente del conocimiento emana del maestro, y los estudiantes, sujetos pasivos, deben asimilar pasivamente y luego evaluarse con la mayor fidelidad y repetición posible de la mente humana, privilegiando solo la memorización, como actividad cognitiva básica. Dicho escenario positivista formal, ha cambiado cualitativamente y ese derecho, derivado del Estado-Nación, ha sufrido cambios evidentes. Las tres categorías del Estado moderno: población-territorio y soberanía, han erosionado la fuerza de ese derecho y hoy ante los procesos de integración-globalización, ya se habla del fenómeno jurídico, que exige un enfoque crítico-dialógico, tanto en la docencia, como en la investigación y que alcanza a la aplicación misma de las normas.

En efecto, al cambiar el contenido mismo de las normas, el pensamiento complejo y crítico de un derecho social dinámico y multidimensional, acepta y utiliza la interdisciplina, como paradigma amplio y flexible, planteando la necesaria docencia activa en la cual el eje del proceso pasa de la enseñanza única del maestro, al aprendizaje en donde los estudiantes, asumen la construcción de su propia formación y competencia.

A este cambio sustancial del Estado y el derecho actual, la narrativa pasa de la escritura a la oralidad, la comunicación y los propios procedimientos. Se fomenta y exigen el lenguaje jurídico oral, modalidad esta que se inicia en México, con la reforma constitucional del año 2008 en materia procesal penal, continuó en orden mercantil y laboral y culminar con el Código Nacional de Procedimiento Civiles y Familiares, recientemente publicado.

Por cierto, la oralidad conforma un insumo pedagógico central, que ya se recoge y aplica en nuestras universidades, en donde la estrategia de la argumentación jurídica, se convierte en un instrumento fundamental, para la formación de abogados, juece y demás operadores jurídicos.

Recordemos, que, bajo estos cambios, hay autores que han hablado del propio derecho como argumentación, destacando que los pasos o etapas de la exegesis y dogmática en la interpretación y aplicación de las normas, se ha recreado con la hermenéutica que permite abrirse a principios, proporcionalidad y preminencia de valores, en contextos de certezas y seguridades posibles.

En la argumentación jurídica, todo ello se hace viable, siempre que la comunicación sea efectiva y pertinente. Aquí la Retórica, tema central del libro que prologamos, de larga data histórica, recobra plena vigencia y debe incorporarse a una enseñanza jurídica actual a fin de propiciar habilidades formativas en nuestros estudiantes.

Por todo lo anterior, el *Curso de Retorica para la Argumentación Jurídica,* de Ivan Peña, joven pero ya brillante maestro de Derecho Económico, que se publica por Tirant lo Blanch, será un texto de amplia utilidad en la renovación de la enseñanza del fenómeno jurídico contemporáneo.

Ciudad Universitaria, septiembre 2024
Dr. Jorge Witker Velásquez

Introducción

En el Derecho, la certeza es esencial, en el sentido que toda persona debe estar enterada de las consecuencias de sus acciones, de tal forma que, si alguien hace caso omiso de la señal de alto en el tránsito, pueda estar seguro de que no será llevado a la cárcel, sino que la consecuencia será una multa; la certeza de que, si una persona le quita la vida a otra irá a prisión por el delito de homicidio. Sin embargo, las normas no logran ser precisas todo el tiempo, esto se debe a que son de creación humana, y por desgracia, el servicio legislativo muchas veces no está capacitado para resolver la problemática social al margen de armonizar conforme a otras normas previamente creadas.

Al no encontrar a las normas armonizadas y sistematizadas, el trabajo de los abogados debe consistir en tener tres habilidades básicas: 1) identificar el problema, 2) encontrar en qué fuente puede estar la solución de ese problema y 3) tener las capacidades para comunicar al tercer interesado que ese derecho es el mejor aplicable al caso.

En este sentido, la materia de Retórica debería estar dirigida a los alumnos que están por culminar su licenciatura o, por lo menos, a aquellos que tengan las bases necesarias para comprender cuestiones básicas del Derecho, tales como: validez de las normas, cuestiones procesales y procedimentales. Ante estas necesidades y desafíos, el presente curso pretende ser de entendimiento sencillo y claro para los alumnos que en la actualidad cursan dicha materia a acreditar en el tercer semestre de su formación.

PARA UNA PRAXEOLOGÍA JURÍDICA EN LA ENSEÑANZA DEL DERECHO

IVÁN ADELCHI PEÑA ESTRADA
SAMUEL DAVID ZEPEDA LÓPEZ[1]

SUMARIO: *I. Breve estado de la cuestión; II. La vivencia; III. Sobre la praxeología; IV. Consideraciones para el futuro; V. Bibliografía.*

I. BREVE ESTADO DE LA CUESTIÓN

En la actualidad, uno de los problemas fundamentales de las ciencias sociales está en entenderlas como un mero producto de la *praxis* social, describiendo cómo dicha *praxis* genera y produce fenómenos que pueden ser objeto de la observación y analizados para su interpretación; lo que produce un marco de entendimiento de nuestra condición humana. Sumado a los problemas de abstracción de la *praxis* de los fenómenos, se encuentra la clásica disociación analítica entre *teoría* y *praxis*, que, si bien ha servido para esclarecer el entendimiento y analizar metódicamente las prácticas sociales, a la postre, ha terminado por producir una concepción generalizada de que dicha separación es inherente a la realidad y no un

---

1 Candidato a Doctor en Políticas Públicas por el Centro de Investigación y Docencia Económicas (CIDE), posee una licenciatura y una maestría en Filosofía por la Facultad de Filosofía y Letras de la Universidad Nacional Autónoma de México. Cuenta con una amplia experiencia docente en diversos niveles educativos, ha sido profesor titular en la Universidad Intercontinental (UIC), profesor adjunto en el CIDE y la Facultad de Filosofía y Letras, además de consultor docente para el CENEVAL. Actualmente se encuentra laborando como profesor y asistente de investigación en la Universidad de Duke, en Carolina del Norte.

cisma analítico, lo que conlleva a la reproducción de una falsa dicotomía y la ilusión de que práctica y teoría son elementos separados.

La distinción entre teoría y práctica funciona como parte de un ejercicio analítico que pretende comprender la complejidad del mundo circundante, sin embargo, asumir que dicha distinción es inherente a la realidad fáctica es una suposición falaz que, desafortunadamente, aún se encuentra bastante extendida, incluso en el mundo académico. En este aspecto, el Derecho y su enseñanza no son la excepción. En gran parte, debido a las implicaciones científicas y políticas de nuestra disciplina, constantemente se ha llegado a considerar a la teoría y a la *praxis* como productos separados que requieren aproximaciones distintas. De este modo, se ha generado un menosprecio de dos vías, en donde los partidarios de cada esfera ven con desdén a su correlato, sin darse cuenta de que no son contradicciones ni negaciones, sino ejercicios complementarios que deben ser entendidos, estudiados y enseñados como tal. Por este motivo, el objetivo fundamental del presente documento no sólo es criticar y hacer patentes algunas de las fallas históricas en la enseñanza del Derecho derivadas de esta separación; sino que también se busca proponer una praxeología jurídica amplia y crítica, la cual aporte a la formación de los futuros juristas y transforme el proceder de los actuales, teniendo como finalidad última la transformación de la situación actual de las cosas.

El filósofo alemán Jürgen Habermas afirma que en la utilización del conocimiento, a través de tecnologías y estrategias[2], está la posibilidad de la transformación de nuestra realidad. Por su parte, el Derecho, en su consideración social, pretende regular las conductas humanas, dotarlas de sentido jurídico y construir un *Estado Constitucional de Derecho,* para así proteger la dignidad humana. De este modo, podríamos aventurarnos a decir que, dentro del campo del Derecho en su relación con el conocimiento, lo que está en juego es, entre otras cosas, arrancar el sentido y la finalidad de los saberes, los cuales deben funcionar para transformar la realidad, afines a la consideración materialista de Marx sobre la Filosofía misma (en el sentido de que debe de transformar el mundo y no sólo interpretarlo).

---

2 *Cfr.* HABERMAS, Jürgen, *Teoría y praxis: estudios de filosofía social,* Madrid, Tecnos, 2000, p. 17.

No obstante, en nuestras pretensiones por conjuntar ambas posturas nos encontramos con el enorme reto de crear una *praxeología* jurídica. Las anteriores maneras de acercar el conocimiento producen a su vez sus propios males, en relación con ello Habermas afirma:

> [...] llama sobre todo la atención la diferente función pragmática que pueden tener las informaciones producidas en distintas ciencias. El saber empírico-analítico puede adoptar la forma de explicaciones causales o prognosis condicionadas, que se refieren acontecimientos observables; el saber hermenéutico tiene por lo general la forma de una interpretación de contextos de sentido transmitidos. Existe una conexión sistemática de las posibles utilizaciones de las informaciones susceptibles de producirse en su marco [...] [3]

La mayoría de las formas de producir conocimiento, para el Derecho, están ligadas a su condición histórica, la cual se torna un eje de sentido natural, dejando de lado la vivencia misma del Derecho. En todo momento, el Derecho es una construcción social viviente, mutable desde las Altas Cortes, los tribunales de lo común; así como cualquier órgano dimanado del Poder Público. Este último constantemente se encuentra en la generación de Derecho y de sus respectivas consecuencias jurídicas, o al menos, con acciones que siempre bordean lo jurídico.

El problema más grave está en la consideración de total abstracción de los problemas sociales, que nuestra misma disciplina puede aprender y solucionar, en abandono del ideal de construir andamiajes institucionales y científicos para el cambio de lo social. Es decir, que se puede presumir que, en la propia abstracción de los problemas, estará la posibilidad del cambio.

Lo que se puede afirmar, es que no existen modelos para el cambio social, ni *recetas de cocina* que sean de universal aplicación; lo que se pone como una tangente es la capacidad de producir un modelo de enseñanza o modelos generales de aplicación del Derecho para los estudiantes.

Desde la Sociología del Conocimiento, el propio Habermas expone la relación sintética que se tiene entre *conocimiento* e *interés*. El *interés* es la manera política-subjetiva que guía la producción y reproducción de saberes, haciendo de estos mismos dudosos de toda objetividad o neutralidad

---

3 *Ibidem*, p. 19.

científica. Se persigue la finalidad individual, que se permea de métodos científicos para dotar de legitimidad lo explicado y abordado; pero lo cierto es que mucho de eso carece de una representación fiel de nuestra compleja realidad, lo que hace de esta manera de acercarse a la realidad una visión alterada de ella.

Lo que produce la disociación entre teoría y *praxis,* para los estudiantes y los estudiosos, es una imposibilidad material de construir mecanismos institucionales –entendidos éstos como tecnologías o marcos explicativos– con la intención de cambiar la realidad o un determinado fenómeno.

La distinción entre teoría y *praxis,* pareciera así descansar en aquellas concepciones de la sabiduría planteadas por Aristóteles entre aquel conocimiento sobre los principios y las causas, y el conocimiento o capacidad *poiética, i.e.,* productiva. A primera vista, la distinción puede parecer una cuestión muy simple: la *praxis* da cuenta de los aspectos prácticos, mientras que la teoría de sus configuraciones abstractas. Sin embargo, ambos elementos se encuentran profundamente relacionados y se requieren mutuamente para poder concretarse de manera correcta. En otras palabras, podríamos decir que teoría y *praxis* son diferentes dimensiones del mismo plano, o bien, dos aproximaciones distintas para conocer un mismo objeto, en donde la ausencia de alguna de las dimensiones, sólo nos dará una perspectiva reducida y parcial.

Verbigracia, imaginemos que estamos analizando un objeto esférico desde de un plano de dos dimensiones, bajo esta perspectiva la esfera aparecería frente a nosotros como simple círculo. Si bien sería posible hacer un tratado pormenorizado de ese círculo, conocer gran parte de sus propiedades y entender en gran parte sus características ónticas, dicho análisis estaría limitado por la bidimensionalidad del plano, desde la cual, no podemos saber que el círculo es en realidad una esfera. Si bien podríamos encontrar y formular verdades sobre el círculo que también sean ciertas para la esfera, algunas de las formulaciones e ideas que tengamos sobre el círculo, estarán incompletas o simplemente equivocadas. No es sino hasta que añadimos una tercera dimensión (la de la profundidad), que nos damos cuenta de que el objeto presentado es, en realidad, una esfera y que tiene muchos más elementos que le son propios y conforman parte de su realidad. Así, de una manera análoga, podríamos decir que un análisis que deje de lado alguna de las dimensiones (*praxis* o teoría), no sería algo del todo incorrecto, pero si sería un análisis sesgado, limitado y, en algunas ocasiones, equivocado.

Similar a la propuesta kantiana, podríamos decir que la teoría sin *praxis* es vacía, mientras que la *praxis* sin teoría, estaría ciega. Pues si bien, todo *hacer* implica ya un *conocer*, ese conocer requiere ser consciente de su hacer para tener el efecto deseado. Aquella persona que desempeña una actividad de manera irreflexiva por simple efecto de la repetición podrá replicar su hacer, siempre y cuando las condiciones sean exactamente las mismas, pero si las condiciones o las herramientas con las que desempeña su labor cambian, debido a su falta de comprensión de su actividad, no podrá llevar a cabo su actuar con la misma eficiencia o no podrá adaptarlo a la situación requerida.

Así pues, una persona puede aprender un oficio por el simple hecho de la imitación y la reproducción, puede incluso llegar a ser muy bueno en ello, sin embargo, si no genera un conocimiento sobre su actividad, si no comprende la relación de las cosas, sus efectos e implicaciones, en el momento que las cosas cambien, simplemente no podrá adaptarse. Por su parte, todo conocimiento adquirido necesita ser contrastado con la realidad para ver su capacidad de transformación real, en ese sentido la práctica es el punto de partida y el límite final de la teoría, en donde realmente se corrobora toda hipótesis. En el caso de la práctica oratoria, un orador con experiencia y habilidad, podrá poseer las capacidades y cualidades estridentes para cautivar a su audiencia y presentar su argumento de una manera afable y contundente, pero si no posee las bases y la formación teórica pertinente, su argumento puede descansar en suposiciones falsas, derivaciones lógicas e inválidas o en estructuras fácilmente impugnables; por su parte, un orador versado únicamente en las proposiciones teóricas, por más profundas y desarrolladas que estas sean, podría carecer de los elementos necesarios para superar el nerviosismo del momento y, entonces, presentaría sus ideas de manera desordenada e inadecuada para su auditorio.

La praxis, como bien señaló Adolfo Sánchez Vázquez, es "el acto o conjunto de actos en virtud de los cuales el sujeto activo (agente) modifica una materia prima dada"[4], así, teniendo en cuenta que la materia prima de la oratoria es el discurso, hemos de decir que la *praxis* de la oratoria son los actos mediante las cuales un sujeto, en este caso el jurista, modifica el discurso para alcanzar sus objetivos. No obstante, esta modificación no es un simple cambio superfluo, sino que se requiere que el jurista se apropie y dote de sentido su discurso y para ello, se requiere de la experiencia, pero ¿a qué nos referimos con "experiencia"?

Cuando nos referimos a experiencia no estamos hablando de aquella comprensión popular que supone que la experiencia es la mera acumulación de años, o la longevidad de alguien, sino que, nos referimos a un elemento que tiene que ver con la reflexión y el ejercicio crítico sobre nuestras vivencias y la información que poseemos. Tener experiencia, significa comprender y organizar las vivencias del pasado, es decir, lograr fundir las vivencias con la teoría y poder postular un sentido explicativo a lo vivido. Así, la experiencia es un elemento imprescindible en donde se conjunta la teoría y la *praxis*. La experiencia no es la suma o acumulación de prácticas de alguna actividad a lo largo del tiempo, sino una apropiación consciente y significativa de la información, a la cual se dota de sentido. Asimismo, la experiencia es una condición de posibilidad que nos permite no sólo entender la situación actual y adaptarnos al *status quo*, sino también a postular formas y elementos de cambio, dado que ya somos conscientes de por qué pasa lo que pasa.

En el siguiente apartado buscamos desarrollar la idea de *vivencia*, como la cualidad natural de todo saber y vivir, con el cual se dota de sentido nuestra actividad, tanto docente como profesional, para así transformar la realidad misma.

II. LA VIVENCIA

Desde la formación docente que se cuenta en las áreas de especialización como es la Oratoria Forense, la Argumentación Jurídica y la Filosofía Educativa, observamos que se tienen diversos problemas en abordar los marcos explicativos para la enseñanza:

---

[4] SÁNCHEZ VÁZQUEZ, Adolfo, *Filosofía de la praxis*, México, Siglo XXI, 2003, p. 245.

- Pareciera que existe una manera imposible de delimitar un conocimiento cierto sobre cómo lograr una argumentación eficaz sin renunciar a una explicación contextual y de historia intelectual con relación a la argumentación.
- Pareciera que sólo existe una visión genética para la docencia, donde debemos hacer un recuento o repaso de más dos mil años de historia sobre el pensamiento retórico y oratoria.
- Pareciera que se está en incapacidad de lograr demostrar un tipo de tecnología derivada de la especulación o teorización, haciendo de dicha tarea una labor metafísica-autorreflexiva, que en sí misma no produce habilidades y competencias en el dicente.

En relación con las anteriores consideraciones, lo que podemos poner de manifiesto es algo que el propio Habermas denuncia en su libro *Conocimiento e Interés,* donde la dimensión crítica y fáctica de todo conocimiento es reducido a métodos de reflexión y/o generales sobre cómo conocemos la realidad[5], lo que hace renunciar a todo potencial emancipatorio o de revolucionario del saber mismo.

Todo conocimiento o descubrimiento, tiene elementos subjetivos que guían las investigaciones, (de los cuales se hacen políticas académicas), en algunos casos cubiertos de una pretensión de neutralidad u objetividad científica, pero, ¿qué utilidad tendrá seguir interpretando el mundo para los estudiantes del siglo XXI? En el caso específico de nuestra área, el interés particular está en desarrollar habilidades argumentativas o modelos generales de argumentación que puedan ser utilizados en diversos contextos judiciales y forenses (técnicos), en renuncia del contexto histórico, en donde se enmarcan las ideas o la crítica de éstas, dado que se requiere traducir la especulación metafísica de nuestro saber a enunciados generales y universales, dotarlos de sentido y de este modo producir recursos o instrumentos de la razón o del juicio, precisos y altamente tecnificados.

El problema de esta manera de enseñar la Argumentación Jurídica, como pasa con otros saberes de la misma disciplina, está en su valor pragmático y epistemológico, dado que ambos parten de la creencia que con

---

5 *Cfr.* Habermas, Jürgen, *Conocimiento e interés,* Madrid, Taurus, 1989, p. 11.

categorías, conceptos y explicación de la realidad será más que suficiente para reducir el margen de subjetividad que se da en el ejercicio forense del Derecho. Le damos la estimación de algo "valioso" a exégesis autoral, cuando lo que está en juego es la transformación misma de una realidad, que impone el reto de superar toda subjetividad irracional y determinar así el mejor contenido de Derecho aplicable al caso. La virtud de todo conocimiento está condicionada en la medida que dicha reproducción determina certeza en sus productos, en este caso, que las personas sean mejores argumentado puede reducir la subjetividad o la parcialidad de los argumentos esgrimidos. Tenemos que ser conscientes de que el ejercicio y conocimiento teórico, por si solos, no aspiran a convencer, su finalidad entra más en el desarrollo y entendimiento de los elementos que componen al objeto de estudio, sus suposiciones y conexiones, pero sin su correlato práctico, dicho saber se queda en conocimiento erudito y acumulación de información.

Lo interesante en este caso, es que mucho del saber se torna en su autorreflexión que imposibilita el desarrollo de aptitudes que ayuden determinar su valor de certeza. Por ejemplo, ¿acaso saber qué dice Alexy o Dworkin sobre la argumentación me hace un mejor argumentador? El punto fundamental del saber es su valor intrínseco e instrumental y la verificabilidad de este, fuera de los propios marcos explicativos que le dan surgimiento. De ahí la vitalidad que el pensamiento de otros autores continúa vigente, como es el caso de Kelsen: "Una Ciencia del Derecho o una ética científica sólo puede tener por objeto el derecho o una moral positivos [...]"[6].

Ya Walter Benjamin había señalado parte de este problema cuando planteó que la modernidad ha empobrecido nuestra experiencia[7]. Según Benjamin, la modernidad es un espacio saturado de información, la cual aparece como aislada e inconexa, basta simplemente con ver un noticiario o navegar en alguna red social para darnos cuenta de la cantidad de

---

6 KELSEN, Hans, *Teoría pura del Derecho*, Buenos Aires, Eudeba, 2015, p. 21.

7 *Cfr.* BENJAMÍN, Walter, "Libro II/ vol.1", en *Obras*, R. Tiedemann y H. Schweppenhäuser (eds.), J. Navarro (trad.), Madrid, Abada, 2007 y BENJAMÍN, Walter, "Libro I/ vol. 2", en *Obras*, R. Tiedemann, H. Schweppenhäuse (eds.), A. Brotons Muñoz (trad.), Madrid, Abada, 2008.

información que tenemos a nuestra disposición y, sin embargo, no todos podemos realmente generar una narrativa que sirva para conectar todas estas ideas de una forma coherente. Para ello, hace falta un ejercicio de reflexión y apropiación crítica de la información, que se conjunten para crear una narrativa que dé sentido a la información. De forma análoga, la sumatoria y conglomeración de teorías, proposiciones, fechas y nombres de grandes teóricos de la argumentación y la oratoria son absolutamente inútiles para nuestros jóvenes si no existe un sentido y una práctica que les permita apropiarse de ellos y ver cómo estas teorías se desempeñan en el mundo fáctico.

Para que toda esa información que nos rodea cobre un sentido, se requiere de un espacio y un ejercicio práctico que tenga como finalidad articular y dar forma a todo ese cúmulo de datos, se requiere entonces de un espacio que genere experiencias, un espacio donde los estudiantes generen conexiones entre la información que poseen y entiendan como dicha información se relaciona con su contexto, con su vida y con su proyecto, se requiere apropiarse críticamente de la información. No basta simplemente con la realización de un análisis por memorizado del devenir, la estructura y las formas de la Oratoria, se requiere del sentir, el experimentar y el vivir el acto de la oratoria, para que el estudiante tenga consciencia de sí y de su actividad como orador.

La teoría sirve como los cimientos y engranajes previos que el estudiante de Oratoria requiere para poder elaborar y construir un discurso, pero es en la práctica donde este orador dará sentido a lo aprendido y lo aplicará de una determinada manera, para que pueda responder a las necesidades contextuales.

El problema que planteamos, teniendo el particular de las teorías de la argumentación, es una muestra de un universo que consideraciones que pasan desde la teoría hasta la consideración pedagógica. La visión que todo conocimiento genera o potencializa aptitudes y facultades humanas, podría estar en duda al olvidar a la *praxis* humana como su depositaria final.

En cierto sentido sería un regreso a la pretensión de Adolfo Sánchez Vázquez de un tipo de *praxis reflexiva*[8], que permita acercarla a la especula-

---

8 *Cfr.* SÁNCHEZ Vázquez, Adolfo, *Filosofía de la praxis, op. cit.*, p. 14.

ción filosófica y la producción científica. Permítanos hacer una digresión sobre esto: pensemos que podemos revisar todas las audiencias de juicio oral que se han llevado en la Ciudad de México, del número total se observa cuáles posiciones, si víctimas o defensa, han sido favorecidas; de lo anterior evaluar cuáles son los elementos comunes de su argumentación para determinar su éxito ¿Será acaso que determinar un esquema o modelo general de argumentación requiera de un tipo de valoración histórica o podría ser un tipo de conocimiento que sea de utilidad para conocer cuáles son los avatares que enfrenta un postulante o un ministerio público?

En este punto, si pensamos que la labor del abogado puede ser reducida a la acumulación y memorización de información y teorías, entonces, permítanos decirles que nuestra loable profesión se encuentra al borde de su extinción. En un mundo en el que ya existen métodos avanzados de procesamiento de lenguaje natural y máquinas capaces de analizar millones de datos en cuestión de segundos o minutos, (encontrando tendencias estadísticas), entonces, no pasara mucho tiempo para que una inteligencia artificial pueda producir discursos y argumentaciones jurídicas impecables, las cuales podrán contener más detalles e información de las que nosotros podamos crear, como ya de hecho está ocurriendo en algunos lugares, donde inteligencias artificiales, como ChatGPT, han sido capaces incluso de aprobar el examen de certificación de Derecho en Estados Unidos.

Sin embargo, la reproductibilidad estadística que generan las máquinas, aún no cuenta con una experiencia fenomenológica propia, es en ese punto donde nuestros estudiantes deben de distinguirse. El jurista del presente y del futuro, debe ser una persona que conozca la teoría, pero que tenga la capacidad crítica de conectar la información con la situación presente, la capacidad de responder ante el estado presente de las cosas y apropiarse de la información para producir discursos nuevos, que cambien las prácticas jurídicas y que no sólo reproduzcan lo dado, debe también ser capaz de encontrar los momentos en los que apliquen las excepciones o las acciones fuera de las tendencias normales.

Si reconocemos que podemos lograr un tipo de enseñanza de cómo es lo real-jurídico o fáctico, podríamos tener una visión en la enseñanza del Derecho que innove en una consideración praxeológica, la cual argumentamos más adelante.

III. SOBRE LA PRAXEOLOGÍA

Cuando pensamos en la Ciencia Jurídica como una disciplina descriptiva, consideramos al positivismo como una manera de conocer el fenómeno de lo legal, pero su relación con su *praxis* se desdibuja. Lo que debemos hacer es una correlación precisa en cómo los elementos descriptivos permiten al observador trazar los elementos que faculten su transformación del objeto observado; podría parecer que la ciencia descriptiva en sí misma no es otra cosa una impresión tal cual de la realidad, pero dicha realidad no es inmanente o inmutable, no tiene una casualidad natural, sino que ésta se edifica sobre la construcción humana. En ese sentido, es susceptible de ser transformada. Es en este espacio final en donde queremos dejar un par de consideraciones para el porvenir del ejercicio pedagógico jurídico.

El autor alemán Peter Sloterdijk afirma que una las condiciones fundamentales del ser humano está en la repetición de su existencia, determinando así un proyecto de un ser vivo sumergido en prácticas de espiritualidad[9], de las cuales se podría inferir que toda persona tiene un marco de ejercicios para su vida diaria con la cual construye su ética, pero, a su vez, su labor existencial. El autor alemán también nos es de utilidad para presentar a la praxeología como una actividad vivencial, construida por prácticas individuales[10] que hacen de nuestra labor un entramado social, con diversas dinámicas, pero construido por creencias y conductas repetidas. A esta consideración de prácticas, Sloterdijk las enuncia como un tipo de *Antropotécnica,* como aquellos métodos de entrenamiento de ejercitar y trabajar en el propio modo de vivir[11]; la anterior consideración es de gran utilidad para expresar que la praxeología es una condición pedagógica, que todo saber debe lograr hacer de nuestra experiencia un ejercicio, tanto de la espiritualidad como el conocimiento, haciendo un tipo de síntesis entre la experiencia y la manera reflexiva que se vive di-

---

9 *Cfr.* Sloterdijk, Peter, *Has de cambiar tu vida,* Madrid, Pre-textos, 2012, p. 17.

10 Que si bien han existido otros más conceptuales que centran su atención en las prácticas como Norbert Elias o Pierre Bourdieu, ninguno como Sloterdijk para denunciar la condición inmanente de las prácticas desde posición ética y relacionada con nuestro saber.

11 *Ibidem*, p. 53.

cho conocimiento, por ello es fundamental buscar un equilibrio entre la teoría y la *praxis*.

IV. CONSIDERACIONES PARA EL FUTURO

Ahora que hemos hecho patente la relación entre teoría y práctica, nos aventuramos a proponer que toda práctica de oralidad en el Derecho debe conllevar un ejercicio intercalado en donde el estudiante no sólo analice y entienda las estructuras sobre las que descansan los discursos jurídicos orales, sino que, además, debe de ser capaz de producirlos y debe contar con un espacio dentro de su formación para que este ejercicio se lleve a cabo, para explotar sus capacidades y habilidades de comprensión, adaptación crítica, debate y discurso, al servicio de un proyecto y una intencionalidad como jurista.

En otras palabras, el estudiante debe *experimentar en propia piel*, lo que significa presentar un discurso ante una audiencia, debe saber modular su voz y sus ideas, ser capaz de responder ante los contextos cambiantes, poder entender y articular discursos en el momento, así como ser capaz de conectar y homologar su conocimiento teórico con sus necesidades prácticas del momento, para lograr interpelar a su auditorio con razones y estructuras argumentales claras.

Asimismo, nuestros estudiantes ya no deben de ser solamente depositarios de información. Aquellos tiempos en donde el ejercicio memorístico lo era todo han sido superados, si bien una buena memoria sigue siendo un gran instrumento de apoyo para cualquier estudiante y jurista, es mucho más importante saber y tener en cuenta como conectar coherentemente la información nueva con los datos del pasado e identificar cómo estas ideas pueden ser articuladas desde un discurso con sentido.

Igualmente, hemos de reconocer que nuestros estudiantes, como nunca antes en la historia de la humanidad, tienen al alcance de sus manos más información de la que tuvieron nuestras grandes figuras del Derecho, por eso mismo deben saber qué hacer con esa información, como navegarla y para eso se requiere también una formación teórica sólida.

V. BIBLIOGRAFIA

BENJAMÍN, Walter, "Libro I/ vol. 2", en *Obras,* R. Tiedemann, H. Schweppenhäuse (eds.), A. Brotons Muñoz (trad.), Madrid, Abada, 2008.

BENJAMÍN, Walter, "Libro II/ vol.1", en *Obras,* R. Tiedemann y H. Schweppenhäuser (eds.), J. Navarro (trad.), Madrid, Abada, 2007.

HABERMAS, Jürgen, *Conocimiento e interés,* Madrid, Taurus, 1989.

HABERMAS, Jürgen, *Teoría y praxis: estudios de filosofía social,* Madrid, Tecnos, 2000.

KELSEN, Hans, *Teoría pura del Derecho,* Buenos Aires, Eudeba, 2015.

SÁNCHEZ VÁZQUEZ, Adolfo, *Filosofía de la praxis,* México, Siglo XXI, 2003.

SLOTERDIJK, Peter, *Has de cambiar tu vida,* Madrid, Pre-textos, 2012.

CLASE 1.
ENCUADRE DE LA MATERIA.

SUMARIO: *I. Carácter científico del Derecho; II. Introducción a la Retórica; III. El trabajo de los abogados; IV. Derecho y praxis; V. Objetivo del ejercicio argumentativo en el Derecho; VI. Bibliografía.*

I. CARÁCTER CIENTÍFICO DEL DERECHO

Esta sección funciona para comprender qué es lo que se va a estudiar y analizar a lo largo del curso, así como las habilidades, competencias y conocimientos que vas a desarrollar como alumno. Existen distintos abordajes, cuya aplicación depende de la manera en la que se quiere conocer y analizar el objeto de estudio.

Hoy, el Derecho no es una ciencia exacta. El carácter científico del Derecho sigue siendo estudiado y cuestionado, de ahí la razón de estudiar Introducción a la Teoría del Derecho, que explica por qué existen algunas series de explicaciones, de enunciados para describir qué es eso que se está estudiando. Esto es un problema, porque para empezar ni siquiera sabemos qué estudiamos.

Derivado del pensamiento de que se está estudiando algo *intangible*, o que sólo se crea que por el hecho de existir se tienen derechos, se genera un problema de origen, pues, por ejemplo en la época del Renacimiento se creía que las personas tenían derechos por el simple hecho de ser personas.

El estudio del Derecho no se limita a un conjunto de leyes y reglamentos, sino que también abarca principios, costumbres, usos, aspectos sociológicos y memorias históricas. Estas últimas influyen para no repetir hechos que atentaron en contra de la sociedad. Por ejemplo: antes, algunas personas no eran consideradas como tal, es el caso de las personas de tez negra u homosexuales; sin embargo, ahora que la sociedad ha evolucionado, la concepción de *persona* cambió por sí misma.

La Historia del Derecho es una asignatura importante para conocer cómo llegamos a este punto, y es de este estudio que deriva el principio de progresividad de los Derechos Humanos. A partir de esos momentos críticos se generan nuevas Cartas que doten de sentido a la sociedad. Actualmente, tenemos leyes que regulan la violencia, y que, finalmente, no son acatadas, por lo que puede concluirse que no se ha llevado a cabo una discusión social respecto del surgimiento de la violencia, pues, desde la psicología, éste sucede por la falta de entendimiento.

II. INTRODUCCIÓN A LA RETÓRICA

Lo anteriormente explicado funciona para entender que la Retórica en la antigua Grecia era utilizada como una disciplina de asuntos públicos (*res publica*), pero la retórica en el mundo ha tenido un giro copernicano, y el Derecho ha tenido que recobrarla por un problema fundamental: no basta con que la ley diga *algo* para que esa sea la mejor decisión u opción.

Veamos este ejemplo:
Profesor[12]: ¿Los hechos crean al Derecho?
Alumno[13]: Sí, no hay derechos sin hechos.
P: O sea que, ¿por sí mismas las personas sólo con hechos han decidido que tenemos derecho a decidir sobre nuestro cuerpo?
A: Claro, pero, no podría afirmarse que "comete el delito de homicidio aquel que priva de la vida a otro" si antes no ha ocurrido ese hecho.
P: Pero el punto fundamental es: ¿sólo así puede crearse el Derecho?
A: El Derecho es como la Historia: no puede contarse si no ha ocurrido.
P: Este tema tiene que ver con algo que más adelante veremos en el caso de "Los centinelas de Berlín". La injusticia extrema no es Derecho.

---

12 En lo sucesivo, se empleará la letra "P" para designar las intervenciones correspondientes al profesor titular de la materia.

13 Como en el caso anterior, en lo posterior la letra "A" designará las intervenciones realizadas por alumnos asistentes a clase.

Pueden existir posturas factualistas que aseguran que los hechos determinan el Derecho, pero esto es una posición de Realismo extremo. Afuera del aula de clases también existen consideraciones morales.

La Retórica como cosa pública ha hecho que el Derecho tenga no solamente lagunas y ambigüedades. Eso siempre ha existido en el campo jurídico, de hecho, previo a que la Facultad tuviera como nombre *Facultad de Derecho*, era conocida como *jurisprudencia*, es decir, el uso de la razón para reunir aquello que era justo, pero frente a los procesos de modernización del conocimiento esto dejó de ser un ejercicio de personas y se convirtió en un ejercicio de ciencia. Aunque yo dudo que el Derecho sea por sí mismo una ciencia, tiene un carácter científico, que es distinto.

III. EL TRABAJO DE LOS ABOGADOS

Sin duda alguna existe un umbral donde tenemos que poner sobre los hombros de una persona o de un jurado una decisión, ante lo cual debemos ofrecer razones para combatir cualquier ámbito de incertidumbre, razones, no emociones. Actualmente se señala que la inteligencia artificial podría hacer los embates a los que nos enfrentamos cuando se estudia el Derecho. Existen tribunales digitales, sin embargo, la consideración subjetiva sobre ciertas cosas (como la duda, la suspicacia y aquello que llamamos *sexto sentido*) hoy no podría ser entendida por una máquina.

Todo lo anterior se resume en que, los abogados y las abogadas tendrán que convencer y persuadir, y eso es una actividad muy específica: si yo tengo que convencer al juez de que esto es derecho entonces, ¿qué es el derecho?, ¿por qué debo convencer al juez de que este derecho es el Derecho aplicable?

IV. DERECHO Y PRAXIS

Otro tema importante a considerar es la praxeología. No es lo mismo saber hacer un jarrón que hacer el jarrón, porque muchos pueden tener la teoría, pero sólo aquellos que tienen la capacidad pueden ejecutar el conocimiento. Cuando empezamos a hacer la ciencia en el mundo estas personas que sabían hacer vasijas tan perfectas sin ningún conocimiento sobre la geometría sobre la arquitectura sobre la física o química sabían hacerlo ¿Qué es lo que pasó con el hombre? Observó lo que esas personas estaban haciendo para reproducirlo y generar una idea, un pensamiento, sobre esa vasija, y entonces empezar a estudiar sus características y composiciones, hasta facilitar el camino y no tener que pasar toda una vida a través del ensayo y el error para construir una vasija para tener agua.

En el campo del Derecho, ocurre al revés, pues observamos todo el sistema del pensamiento jurídico que existe sin un aterrizaje práctico. Cuando los estudiantes comienzan a desempeñar su carrera, se dedican a mencionar únicamente la teoría sin saber darle una dirección, pues se ha malentendido el hecho de que el conocimiento no tiene relación con la praxis.

El Derecho no debe ser una vasija de admiración, sino que debe de ser un instrumento de utilidad social porque esa siempre ha sido su función, y más importante aún: necesitamos ese conocimiento para hacer un edificio argumentativo de razones o confrontaciones o escenarios que nos permiten adelantarnos a nuestra contraparte, por ejemplo en un asunto en el que esté en peligro el patrimonio o la libertad de una persona, que no es una circunstancia menor.

V. OBJETIVO DEL EJERCICIO ARGUMENTATIVO EN EL DERECHO

Reconozco el valor de las personas que son estudiosas, aquellos que se han dedicado a desarrollar una gran requería desde Marco Tulio Cicerón hasta hoy en día, respecto de la evolución del pensamiento retórico. Lo que no se ha hecho es, fomentar la capacidad de observar el ejercicio persuasivo en las audiencias públicas que tenemos en este país. Si observamos tanto el pasado aprendamos de él, ¿por qué seguir admirando el pasado sin construir hacia el presente?

No se trata de realizar un machote, sino de estudiar el proceso de argumentativo y ejercicio persuasivo de los abogados que tienen un alto índice de éxito para generar un modelo general de argumentación. Un modelo que señale las características generales de sus argumentos y por qué se destacan como buenos en una audiencia, esos son los elementos que deberían construir la Retórica del siglo XXI.

Es preocupante que ni Marco Tulio Cicerón ni la pragma-dialéctica serán suficientes para formular en 72 horas la defensa de una persona que está en prisión preventiva por un delito mayor. Grandes prácticos tienen grandes teorías, pero las grandes teorías sin *praxis* son solamente poesía[14].

Hoy los estudiantes deben enfrentarse a otro problema: el Derecho es incompleto, es ambiguo y es creado por personas (lo cual hace aún más difícil su ejercicio). En este sentido se encuentran leyes que protegen a las mujeres, otras que dicen que protegen a las mujeres, pero no las protegen y otras que ni siquiera las consideran. El problema es qué ley debe aplicarse. Existen tantas leyes de este tema, ¿acaso nadie se ha detenido a pensar que puede crearse un Código Penal para la mujer?

A: Pero, eso sería segregación.
P: ¿Por qué?
A: Estaría separándolos.
P: Pero ¿no es acaso que el feminismo nos ha enseñado que existen diferencias tan importantes que para su aplicación y justiciabilidad deban ser consideradas así?
A: Es que son géneros, no razas.
P: Entonces no es una segregación.
A: Pero se estaría diferenciando y al ser iguales frente a la ley, el género masculino sería segregado de un conjunto de leyes.
P: Sigue sin quedar claro por qué hacer un Código Penal para la mujer segregaría.
A: El hecho de separarlos es hacer una diferencia y esto es contrario al principio de igualdad ante la ley.
P: Busque el libro *Homo Sacer. El poder soberano y la nuda vida* de Giorgio Agamben. Las primeras cuarenta páginas explican el Régimen de excepción.

La idea de generar una unificación en torno a las conductas podía permitir observar las lagunas que ocurren en el proceso. En este aspecto Napoleón fue un genio, pues logró juntar todas las leyes de carácter Civil.

Ante la ambigüedad y vaguedad del Derecho, no podemos dejarlo así. El primer ejercicio de interpretación surge del Derecho Civil: si yo tengo un árbol y el fruto cae del otro lado del que es mi terreno, ¿de quién es el

---

14 Adorno, Theodor, *Consignas. Notas marginales sobre teoría y praxis*, Buenos Aires, Amorrortu, 1993, p. 159.

fruto?, ¿por qué? El Derecho desde siempre ha sido interpretado, siempre ha buscado a través del diálogo llegar a una conclusión.

El día de hoy, ¿cuál es el mecanismo de diálogo de los tribunales? La jurisprudencia puede ser un mecanismo de diálogo, aunque deben dejarse claros los límites, pues no todos hacen jurisprudencia. Quizás la Suprema Corte de Justicia de la Nación puede darnos una idea, así como los mecanismos alternos de solución de controversias. En los tribunales hay dos personas que tratan de conversar, refutar y confrontar sus posiciones para que una persona tercera decida quién de los dos tiene razón.

Lo que se busca hoy es llevar justicia material no formal. La justicia formal está muy profesionalizada, es decir, 1) está la norma, 2) está el hecho, 3) está el resultado, pero lo que busca la Argumentación Jurídica es esa función material. No hay que olvidar que la persona que comete el delito tiene derechos, y que será el juez quien decidirá cómo actuar frente a una persona que más allá de la duda razonable, ha cometido un delito.

El ejercicio hoy argumentativo en el Derecho va más allá de una premisa mayor, una premisa menor y una conclusión. Es mucho más qué razones *sacadas de la manga*, tiene que ver con la obligación de argumentar y fundamentar el Derecho aplicable al caso y de esta manera decidir por qué aplicarlo es viable. En términos retóricos la Argumentación Jurídica también se preocupa por formular una apropiada restitución.

VI. BIBLIOGRAFÍA

ADORNO, Theodor, *Consignas. Notas marginales sobre teoría y praxis*, Buenos Aires, Amorrortu, 1993.

CLASE 2.
EL PAPEL DE LA CIENCIA EN LA ARGUMENTACIÓN JURÍDICA.

SUMARIO: *I. La indeterminación del Derecho y las vertientes del positivismo jurídico; II. Relación sujeto-objeto y legislador-producción positiva del derecho; III. El papel de la ciencia en el Derecho; IV. El elemento valorativo; V. Bibliografía.*

I. LA INDETERMINACIÓN DEL DERECHO Y LAS VERTIENTES DEL POSITIVISMO JURÍDICO

Todo el Derecho es indeterminado, no hay un Derecho que sea perfecto. Desde una perspectiva más académica, como una manera de abordar y de estudiar de manera diferente al Derecho más allá del paradigma del positivismo jurídico, en otras materias los alumnos deberían conocer a profundidad qué es el positivismo jurídico y cómo hoy tenemos dos grandes vertientes de esa posición que antes era muy ortodoxa. La primera, el positivismo incluyente, que reconoce que hay un contenido moral dentro del Derecho; y la segunda, el positivismo excluyente, que rechaza la idea de que exista dicho contenido moral al interior del Derecho, sino que el Derecho es meramente vertical respecto del ejercicio de la autoridad, mientras que la sociedad sigue las órdenes.

Esta segunda vertiente nos deja en una posición extraña frente a la autoridad, qué es una posición de simples autómatas o de simples *cumplidores* de las normas: *usted debe cumplir con el pago de sus impuestos y si no cumple con esta obligación, adquiere una multa.* Esta reflexión lleva a analizar cómo llegamos, después de estar casi 70 años en esa posición de pensamiento hasta ahora, es decir, cómo las Escuelas de Derecho han pensado que en la nueva discusión de la Retórica hay un grave problema. Primero, creemos que la Retórica y los estudios de la Argumentación Jurídica funcionan para que los estudiantes conozcan todas las corrientes del Derecho que nos han dirigido a este gran paradigma de los Derechos Humanos y del Neoconstitucionalismo. Sin embargo, ese es un abordaje académico, no necesariamente tiene que ver con la *praxis* del Derecho, esa es la razón por la que yo quiero ofrecerte la primera gran herramienta.

Los grandes estudiosos, Manuel Atienza, Donald Dworkin, Neil McCormick, entre otros, intentan dar una explicación del Derecho, intentan decir qué es eso que se llama *Derecho,* pero hay grandes problemas en su abordaje. Una de las enormes reflexiones que debemos hacer es qué vamos a aprender y por qué es importante tener estudios de Retórica. El tema de la interpretación la Argumentación Jurídica sólo es una moda, porque en el Derecho ya estaba presente.

> P: Por ejemplo, ¿cómo surgió en el Derecho romano el *Codex* romano?
> A: Fueron a una serie de antecedentes, con resoluciones jurídicas para tener la forma de saber qué hacer en un futuro.
> P: ¿Qué figuras jurídicas están en el *Codex*?, ¿cuáles eran?
> A: La recopilación de constituciones imperiales, leyes de Justiniano...
> P: ¿Por qué Justiniano es importante para el Derecho Romano?
> A: Porque realizó la recopilación de todas las leyes de su tiempo.
> P: Vamos a ver un poco de cultura general: ¿quiénes gobernaban en la Edad Media?
> A: Los reyes y la Iglesia
> P: ¿Qué hizo la Iglesia?, ¿había Derecho en la Iglesia?, ¿qué hacían para señalar las leyes y las normas además de emplear la iluminación de Dios?
> A: Transmitían en el Derecho mediante bulas papales.
> P: ¿Eso qué referencia les está dando?
> A: Mandamientos.
> P: Pero cómo están esos mandamientos. Otro ejemplo bíblico. Para los católicos, cuando Moisés sube al monte, ¿con qué baja?
> A: Con dos tablas que señalaban los mandamientos.

El ejemplo anterior funciona para ver que de manera constante hay una relación entre hoy el sujeto y el objeto, pero también hoy entre una persona y la producción positiva del Derecho. La creación del Derecho ha dependido de monarcas, deidades, y hoy los conocemos como legisladores.

II. RELACIÓN SUJETO-OBJETO Y LEGISLADOR-PRODUCCIÓN POSITIVA DEL DERECHO

Detrás de esas observaciones hay un método científico a través del cual podemos observar la relación sintética entre el Derecho que se produce y aquellos que lo producen. Esto nos lleva a la profunda reflexión sobre la ciencia, porque para qué renunciar a la ciencia y pasar a un modelo de especulación retórica en el que todo es válido.

La Argumentación Jurídica y la interpretación no implican enseñar a ser grandes relativistas, sino que sirve para mostrarles la gran deficiencia que existe en la enseñanza del Derecho. Esta visión dogmática de enseñarles el Derecho está generando muchos problemas, porque cuando se enfrentan a una clase de Argumentación les muestren a los autores. El dogmatismo no está mal dentro de la enseñanza del Derecho, sino que no lo es todo.

Una de las primeras cosas que deben aprender es que el Derecho es un *metalenguaje* construido, no pertenece al lenguaje ordinario. Algunos afirman que tiene una codificación binaria muy interesante del tipo computacional: *legal* o *ilegal*.

El hecho de que exista interpretación y argumentación jurídica no quita el valor de certeza al Derecho porque ésta es una aspiración, no una realidad. Por ejemplo, cuando ocurre el ejercicio profesional, la parte más importante que le solicitan al juez es la certeza, porque, aunque el sistema sea inconsistente, tenga lagunas, sea vago o sea indeterminado, lo que se busca es la certeza como un valor.

Revisemos el ejemplo de la película *La Purga*. Hay que suponer que existen doce horas de completa impunidad, dudo que los seres humanos cometan durante esas horas los crímenes más inhumanos. La humanidad está acostumbrada a esa idea invisible de la ley, a la idea invisible de la corrupción social, por lo tanto, el valor de ley más allá de ser una ley escrita, autoritaria, es un régimen de orden consensuado por todos, aunque no nos guste, aunque existen algunos que infrinjan la norma.

III. EL PAPEL DE LA CIENCIA EN EL DERECHO

Aún con la ciencia, los científicos nunca han dicho que la ciencia es absoluta. La ciencia no es total, y no es el único saber que existe en el mundo. Hoy aquellas personas qué se centran única y específicamente en la ciencia y la reconocen como el único saber válido, ignoran todas aquellas experiencias que llevaron al ser humano a comprender lo que ahora se conoce como ciencia. Los medicamentos que hoy conocemos fueron creados con base en las experiencias, por ejemplo, el dolor de estómago antes era aliviado con té, infusiones y mezclas de hierbas.

P: ¿Qué señala el doctor Rolando Tamayo de la ciencia como operador oracional?
A: La misma palabra ciencia tiene un problema pues se puede ver como un proceso o como un producto.
P: Es decir una serie de pasos para llegar a un punto y ese punto, ser el producto.

Este operador oracional determina el contenido de un campo de conocimiento al cual podemos acceder. Si hablamos de las ciencias o de las matemáticas, podemos encontrar el conocimiento numérico con sus respectivas sub-áreas.[15] En este sentido, ¿cómo se determina que algo es ciencia?

Es sencillo si nos enfocamos en que hay un método específico aplicado a la ciencia. Las ciencias duras o exactas carecen de un elemento valorativo, característica que sí poseen las ciencias sociales, debido a que estas tienen que ver con la intersubjetividad.

IV. EL ELEMENTO VALORATIVO

La intersubjetividad establece un elemento valorativo de los sucesos sociales. El valor va a ser el esquema en el cual estemos girando todo el tiempo porque la valoración sí va a partir de una idea de criterio, el cual en el lenguaje ordinario es diferente al que el Derecho impone. El valor

---

15 Tamayo y Salmorán, Rolando, *La ciencia y el ideal de ciencia,* México, Instituto de Investigaciones Jurídicas UNAM, p. 102, [en línea], <https://archivos.juridicas.unam.mx/www/bjv/libros/2/923/8.pdf> [consulta: 14 de agosto, 2023].

está determinado por el criterio. El elemento valorativo está restringido por los hechos y el Derecho.

> Si las palabras son signos o poner más convencionales de las cuales nos servimos para nombrar cosas entonces la diferencia no puede residir en las palabras en cuanto tales. Las palabras del primero como del segundo grupo cumplen de igual manera su función nominativa, si no en las palabras entonces parece razonable pensar que la diferencia podría encontrarse en las características de las cosas que tales palabras nombran.[16]

¿El Derecho que nombra? El Derecho sólo nombra permisiones, prohibiciones, sanciones y obligaciones, por ello en las clases de Introducción al Estudio del Derecho es un tema reiterativo, para nosotros es sustancial porque sobre este lenguaje ordinario se construye el Derecho.

V. BIBLIOGRAFÍA

TAMAYO Y SALMORÁN, Rolando, *La ciencia y el ideal de ciencia,* México, Instituto de Investigaciones Jurídicas UNAM, p. 102, [en línea], <https://archivos.juridicas.unam.mx/www/bjv/libros/2/923/8.pdf> [consulta: 14 de agosto, 2023].

16 *Idem.*

CLASE 3.
CIENCIAS SOCIALES.

SUMARIO: *I. Características del Derecho; II. Método inductivo; III. La enseñanza del Derecho; IV. Problema de la Argumentación Jurídica; V. Modelos de argumentación.*

I. CARACTERÍSTICAS DEL DERECHO

El doctor Tamayo señala que existen procesos específicos como la determinación, la observación y la generalización. El método que se apega más a la Ciencia Jurídica es la generalización, por ejemplo: *comete el delito de homicidio aquel que prive de la vida a otro*; la premisa resulta general, y a partir de ella los casos particulares se adecuan. El Derecho emplea el método de inducción.[17]

II. MÉTODO INDUCTIVO

Así como se asigna la categoría de *antijurídica,* existen situaciones qué se catalogan como jurídicas, por ejemplo, la compraventa, que es un contrato mediante el cual una persona entrega a otra la propiedad de una cosa a cambio del pago de un precio, y se perfecciona cuando se fijan precio y cosa.

Se pensaba que la inducción era la mejor manera de aplicar el Derecho, es decir, que a través del establecimiento de una hipótesis de conducta tenemos unos hechos, que nos iban a dar el Derecho, pero no fue de esta manera. De que cierto evento ocurre y de que ciertas propiedades coexisten, se crea el Derecho.

---

17 *Idem,* pp. 112 y 113.

En el Derecho existen actos jurídicos, en este sentido también existen actos antijurídicos que no pertenecen al Derecho y como están fuera de él son ilegales, como son ilegales existe una sanción. Eso nos da una característica del Derecho: puede sancionar las conductas antijurídicas que se reconoce como la *coercitividad.*

III. LA ENSEÑANZA DEL DERECHO

¿Cuáles son las características del Derecho? *General* porque aplica para todos; *exterior* porque es imperativo; *abstracto* porque subyace en una hipótesis cuya comprobación tiene como aspiración la búsqueda de la verdad.

Ejercicio: Buscar ejemplos jurídicos que nos lleven a que A1, A2 y A3 son propiedad de P.

Para resolver este ejercicio es importante comprender que A1, A2 y A3 son elementos que comparten la característica de P, es decir, del grupo de los felinos podemos destacar la presencia de leones, tigres y gatos domésticos. Así pues, una resolución de ejercicios sería: feminicidio (A1) y homicidio calificado (A2) son homicidio (P).

Como puede ser observado, esta es la manera en la que se enseña Derecho: se dan las características y luego se avanza a las condiciones universales. La importancia de esto es que una de las características del Derecho es su generalidad. Nadie puede ser juzgado por leyes privativas o juzgados especiales. La condición científica del Derecho recae en que no podríamos hacer normas específicas para cada caso porque en cada caso podría haber subclases y entonces se volvería ineficaz.

IV. PROBLEMA DE LA ARGUMENTACIÓN JURÍDICA

El problema de la Argumentación Jurídica es observar los fenómenos y a partir de ello generar un modelo de argumentación. La Argumentación Jurídica en la que se enfoca este curso no recae sobre el proceso de la creación científica sino en el producto, el cual está franqueado por dos cosas: los hechos y el Derecho.

V. MODELOS DE ARGUMENTACIÓN

A mi parecer, existen tres modelos que pueden funcionar en el ejercicio del Derecho:

1. Modelo de Toulmin.
2. Modelo principialista de Donald Dworkin.
3. Modelo de Robert Alexy (Modelo de ponderación).

CLASE 4.

CONCEPTOS RELEVANTES.

SUMARIO: *I. Libre asociación; II. Idea; III. Razón; IV. Juicio; V. Axioma; VI. Proposición; VII. Enunciado; VIII. Elementos y errores en la creación de un razonamiento; IX. Bibliografía.*

I. LIBRE ASOCIACIÓN

La *libre asociación* fue uno de los términos acuñados por Sigmund Freud, éste descubrió que nosotros tenemos una íntima relación con las palabras, pero esas palabras *detonan* sentimientos u otras palabras. Esta libre asociación nos permite, en primer lugar, tener la capacidad de poder ver un fenómeno, de entender y de poder describir.

De manera ordinaria creemos que el Derecho está fragmentado y que está tan separado que no existe una interrelación. Incluso, previo a las clases, no podría saberse cómo el concepto de acto jurídico nos servía para desahogar un tema de daño moral.

Observemos estos conceptos:

II. IDEA

Idea: Es el núcleo donde se abreva el conocimiento y puede surgir el razonamiento, mundo de realidades, totalizaciones de la razón.[18]

18 *Compendio de epistemología*, J. Muñoz y J. Velarde (eds.), Madrid, Trotta, 2000, p. 299.

La diferencia entre una idea y cualquier otra cosa que se cree en nuestra cabeza recae en la capacidad que tiene la primera de formar mundos, mientras que la segunda no tiene mayor impacto.

Nosotros somos la única especie que tiene la capacidad de tener el lenguaje. El lenguaje es una forma de representar el mundo y ha tenido una enorme utilidad social: darle orden al mundo. Una de las cosas más importantes para darle orden al mundo ha sido nombrar las cosas o entender el sentido del tiempo.

En esa enorme significación entre la idea y el lenguaje se construye una idea de sentido, pero las ideas que tenemos sobre el mundo no necesariamente son las que en realidad existen.

Hay que tener cuidado con las ideas porque solamente es una manera en la que representamos el mundo a través de palabras, pero no siempre son el núcleo primario de donde obtenemos el conocimiento, aprendemos, pero no necesariamente conocemos. La significación entre palabras y las cosas en la psicología evolutiva nos permitió crear el elemento de la memoria y la manera en la que podemos organizar la vida.

III. RAZÓN

Razón: Corazón de la argumentación.[19]

La razón es uno de los conceptos más importantes que ha fabricado el ser humano. Descartes logró acceder al conocimiento mediante su premisa *cogito ergo sum* o *pienso y luego existo,* ese es el giro copernicano donde nos separamos de los sentidos, emociones y percepciones para decir que a través del lenguaje podríamos aprender cosas. Entonces creamos la razón, separada de cualquier idea experimental.

La razón también ha sido puesta en duda, pero sigue siendo el modelo más neutral que aspiramos para lograr conocimiento. De hecho, la ciencia es razón pura, porque a través del conocimiento sobre abstracciones podemos llegar a los conocimientos. La razón ha sido puesta en duda como una manera imparcial y sin subjetivismo de que pueda ser

---

19 *Ibidem*, p. 481.

construida. Los tres grandes de este pensamiento han sido Marx, Freud y Nietzsche.

IV. JUICIO

Juicio: hacer una creencia de algo.[20]

La manera de construir un juicio ocurre mediante creencias; otra manera de crear un juicio es a partir de un objeto y extrayendo sus características más esenciales, a manera de apropiarse de estas características como comunes.

Las creencias como conocimiento determinan nuestro juicio sobre las cosas. En otras palabras: como conocemos el mundo creamos un juicio. Por eso requerimos de la razón y del conocimiento para transitar esos prejuicios que no son fiables. Es fundamental entender que, para hacer juicios, tiene que haber un conocimiento previo.

V. AXIOMA

Axioma: Verdades autoevidentes que no necesitan demostración alguna.[21]

Posiblemente vivimos en una infinidad de axiomas. Ejemplo: *primero en tiempo, primero en derecho.* Nosotros sabemos que al estar primero te da un derecho, pero construimos ese juicio con una creencia o un conocimiento.

Los principios generales del Derecho son verdades autoevidentes únicamente para aquellos que entienden ese metalenguaje dentro de nuestra disciplina. Ejemplo: *el que puede lo más, puede lo menos.* La explicación funciona para aquello que parece lógico o manifiesto.

---

20 VEGA REÑÓN, Luis y OLMOS GÓMEZ, Paula, *Compendio de lógica, argumentación y retórica,* Madrid, Trotta, 2011, p. 330.

21 *Ibidem,* p. 79.

VI. PROPOSICIÓN

Proposición: Una proposición es una entidad abstracta independiente de la mente portadora primaria de la verdad o de la falsedad, que proporciona el significado de las oraciones declarativas del lenguaje.[22]

Una proposición es el núcleo principal en el cual se construye cualquier sistema de lógica, a diferencia de un enunciado, las proposiciones son verdaderas o falsas y están sujetas a una condición de verdad.

VII. ENUNCIADO

Enunciado: Conjunto de palabras que promueven una idea.[23]

Son declarativos por lo que no tienen una condición de verdad. En el Derecho no hay condiciones de verdad. Las normas no están catalogadas bajo la idea de verdad. El Derecho pertenece al lenguaje deóntico. Pueden existir normas y enunciados normativos, pero estos están catalogados bajo elementos cuantificadores de permitir o prohibir.

VIII. ELEMENTOS Y ERRORES EN LA CREACIÓN DE UN RAZONAMIENTO

Para construir un razonamiento debemos tener tres elementos:

- Razones.
- Juicios.
- Diferenciación de axiomas.

El razonamiento jurídico se diferencia de cualquier tipo de razonamiento ordinario, por eso necesitamos conocer la naturaleza misma del Derecho, para poder ver con claridad eso que llamamos *razonamiento jurídico.*

---

22 *Ibidem*, p. 491.

23 *Ibidem*, p. 228.

Podemos cometer dos errores en la creación de un razonamiento jurídico:

1. El sólo reproducir lo que dice el Derecho sin explicarlo, o bien;
2. Expresar sus consecuencias sin el criterio, la valoración o razonamiento de esa conclusión.

IX. BIBLIOGRAFÍA

Compendio de epistemología, J. Muñoz y J. Velarde (eds.), Madrid, Trotta, 2000, p. 299.

VEGA REÑÓN, Luis y OLMOS GÓMEZ, Paula, *Compendio de lógica, argumentación y retórica*, Madrid, Trotta, 2011.

CLASE 5.
NORMAS

Sumario: *I. Norma; II. Proposición normativa; III. Sistema normativo como conjunto de enunciados; IV. Perspectiva práctica de las nociones aprendidas; V. Bibliografía.*

I. NORMA

Norma: Una norma es una prescripción emitida por un agente humano denominado "autoridad normativa", dirigida a uno o varios agentes humanos denominados "sujetos normativos", que obliga, prohíbe o permite determinadas acciones o estados de cosas.[24]

II. PROPOSICIÓN NORMATIVA

Proposición normativa: Las proposiciones normativas son verdaderas o falsas, pero no pueden ser obedecidas ni desobedecidas ni válidas o inválidas ni justas o injustas por lo tanto es cualquier predicción acerca de una norma que da lugar a una proposición como tal.[25]

---

24 Bulygin, Eugenio y Mendonca, Daniel, *Normas y sistemas normativos,* Madrid, Marcial Pons, 2005, p. 15.

25 *Ibidem,* p. 19.

III. SISTEMA NORMATIVO COMO CONJUNTO DE ENUNCIADOS

> Un sistema normativo como un conjunto de enunciados dados resultado necesario de una lógica como un conjunto de reglas que permite determinar con exactitud cuando un enunciado dado se deduce como consecuencia de otros enunciados.[26]

IV. PERSPECTIVA PRÁCTICA DE LAS NOCIONES APRENDIDAS

Me gustaría realizar una actividad en torno a estas definiciones, pues tenemos que entrar a profundidad con el glosario, del cual trabajaremos tres conceptos: enunciado, proposición y criterio. En realidad, ya deberían saber la relación entre una proposición y un enunciado. Esto nos va a llevar a un trabajo de razonamiento, vamos a aplicar el concepto de *inferencia*, *proposición* y *enunciado* con la condición normativa. Hay que recordar que las normas no son ni verdaderas ni falsas, sólo son.

Ejercicio: Argumentar cuál de las dos enunciaciones es una norma o una proposición normativa:

1. Prohibido fumar.
2. Prohibido fumar aquí.

Puntos a considerar para resolver el caso:

- Identificar la autoridad que emite la norma.
- Recordar que una norma se dirige a un grupo de personas.
- Identificar que una norma regula una conducta.

V. BIBLIOGRAFÍA

BULYGIN, Eugenio y MENDONCA, Daniel, *Normas y sistemas normativos,* Madrid, Marcial Pons, 2005.

[26] *Ibidem,* p. 42.

CLASE 6.
CONCEPTOS Y CONSIDERACIONES GENERALES DE LA MATERIA.

SUMARIO: *I. Sistema normativo; II. Existencia, aplicación, competencia y pertenencia.*

I. SISTEMA NORMATIVO

Sistema normativo: Suma al conjunto alfa como consecuencia de la promulgación de un conjunto de normas beta.

Es importante entender lo anterior, ya que nos va a llevar a una manera diferente de ver el Derecho, una que normalmente no se enseña. El Derecho se enseña de una manera jerarquizada, pero eso nos lleva a grandes problemas, porque lo cierto es que cuando vemos el Código Penal Federal, dicho código no dimana directamente de la Constitución.

La mejor manera de enseñar el sistema normativo debería ser por la interrelación que tiene cada una de las materias. Éstas no están aisladas ni son independientes en sí mismas, todas tienen una íntima relación, lo que complica aún más el tema del Derecho, pero se cumple una pretensión del sistema que es su coherencia. Como ejemplo tenemos la concatenación de normas.

Se nos enseña que de la Constitución dimana todo, después de ello viene el Código Penal Federal, después el Código Penal para la CDMX y así en todas las materias. Pero esto no es así, porque normalmente, en la Constitución encontraremos enunciados normativos que tienen un Derecho sustantivo:

Código Penal Federal: A1.
Código de Procedimientos Penales: A2.

II. EXISTENCIA, APLICACIÓN, COMPETENCIA Y PERTENENCIA

El enunciado suma al conjunto *alfa* como consecuencia de la promulgación de un conjunto de normas *beta,* lo que nos lleva a cuatro problemas sobre la sistematización del Derecho:

1. Existencia: Una norma existe en el ordenamiento, es decir, cómo sabemos que es consecuencia de los productos constitucionales.
2. Aplicación: Pueden existir normas que no se apliquen y tampoco sus consecuencias jurídicas en un hecho particular (inaplicación). Pero la aplicación de una norma debe estar determinada en la pertenencia a un sistema y a su coherencia.
3. Competencia: Si X autoridad puede o no puede hacer algo, o si puede o no dictar normas.
4. Pertenencia: Ejemplo del arraigo y prisión preventiva oficiosa.

Las consecuencias jurídicas están íntimamente relacionadas con la autoridad normativa, con la conducta y con la persona sobre la cual va a recaer. Esas consecuencias estarán revestidas del principio de legalidad.

Los problemas del sistema normativo no necesariamente se vuelven lo que los americanos llaman como *hard cases* o casos difíciles. Los enunciados normativos no tienen una sanción clara, pero establecen un contenido de Derecho. Robert Alexy señala que muchos enunciados de la Constitución, que no tienen una sanción son de trascendencia normativa porque tienen un derecho sustantivo detrás o una garantía.

CLASE 7.
CUESTIONES CONTROVERTIDAS[27]

SUMARIO: *I. Razonamiento jurídico y problemas de razonamiento; II. Aspecto procesal; III. Prueba; IV. Calificación; V. Aplicabilidad; VI. Bibliografía.*

I. RAZONAMIENTO JURÍDICO Y PROBLEMAS DE RAZONAMIENTO

Dos de los elementos más importantes del curso son los que Manuel Atienza advierte como dos categorías: 1) el razonamiento jurídico y 2) los problemas del razonamiento probatorio. A lo largo de la carrera vamos a enfrentar dos grandes hechos en la práctica; el primero radica en la manera de probar un hecho que supuestamente pasó y la manera de interpretarse del mismo; y por el otro lado, si la norma que tenemos es suficientemente clara y precisa para poder enfrentar ese problema.

Neil McCormick habla acerca de *problemas de determinación* o *indeterminación del Derecho,* sin embargo, escribe desde Estados Unidos a partir de la tradición de los precedentes. Atienza, además de reconocer los problemas que enuncia McCormick, reconoce algunos otros: el aspecto procesal, la prueba, calificación y aplicabilidad.

---

27 Para esta sección del curso, solicita al alumno leer el apartado "5. Cuestiones controvertidas y casos difíciles" del Capítulo VI del Curso de Argumentación Jurídica de Manuel Atienza. *Cfr.* ATIENZA, Manuel, *Curso de Argumentación Jurídica,* Madrid, Trotta, 2013, p. 431, [en línea] <https://derechopenalenlared.com/libros/atienza-manuel-curso-de-argumentacion-juridica.pdf>, [consulta: 23 de agosto, 2023].

II. ASPECTO PROCESAL

El primer problema que este autor presenta es el relativo al **aspecto procesal.**[28] Un ejemplo de ello es una notificación inadecuada, que se considera de esta manera cuando al no ser notificada a una de las partes, la *litis* no puede ser configurada. Otro de estos problemas es la recusación, que implica que el juez tiene cierto interés respecto de alguna de las partes de un caso.

El proceso siempre está enmarcado por una norma, por lo tanto, la forma de desarrollar será una serie de pasos establecidos en la misma norma, pasar de A a B, de B a C.

III. PRUEBA

El siguiente problema que presenta Manuel Atienza es el de **prueba**[29] que está enmarcado tanto por la prueba como por el hecho, y en este caso ¿cómo pueden ser valoradas las pruebas? El juez las valora por inducción, pues presentan una conclusión que necesita premisas. Esa parte de la prueba viene en una forma muy clásica de entender la retórica, en la que los argumentos son conjeturales, que ahora se conoce como *nexo causal* o *causalidad.*

Los estudiantes no pueden realizar aún una conexión entre un hecho que tiene que probar y otro saber, que es la norma, para que derive en un resultado determinado de cómo podría ser homicidio. Pensemos en una prueba testimonial. Imaginemos que una persona estaba jugando pádel, y entró con dos raquetas, pero salió con tres, entonces podríamos suponer que robó la tercera raqueta. No hay manera de comprobar que la robó, pues pudo tenerla en su casillero; y en este supuesto afirmamos que la prueba tiene un valor de hecho no de norma, por lo tanto, hay que valorarlo. Esta acción sólo muestra que la persona entró con dos raquetas y salió con tres, no que robó la tercera de ellas.

---

28 *Ibidem*, p. 432.

29 *Ibidem*, p. 433.

IV. CALIFICACIÓN

Las pruebas tienen un valor de verdad, y ese valor de verdad está determinado por un criterio de valoración que tiene que ser expuesto en términos de la argumentación.

Otro problema son las **cuestiones de calificación**[30], que nos lleva íntimamente a la relación de prueba. La calificación se refiere a definiciones y categorías. Hay dos tipos de normas: las condicionales y las categóricas. Las normas también nos dan definiciones de ciertas cosas, por ejemplo, qué se va a entender por *autorregulatorio,* qué se va a entender por *acto jurídico,* etcétera. Algunas leyes tienen en los primeros artículos una especie de glosario de términos, aunque no necesariamente están al inicio.

Otro problema es el de **calificación**, por ejemplo el feminicidio que si no puede ser probado como tal entonces será homicidio. Los ejemplos de calificación están presentes al momento de solicitar la reclasificación del delito.

V. APLICABILIDAD

Uno más es el de **aplicabilidad**[31] ¿Podemos decidir si una norma se aplica o no? La respuesta categórica es *no,* pues es obligatoria, y se determina que debe aplicarse. Los únicos que pueden determinar si es aplicable o son los jueces y la Suprema Corte de Justicia de la Nación. La parte complicada es que si yo sostengo que cierta condición obliga a alguien y no lo obliga debemos afrontarlo y debemos argumentar que sí lo obliga o porque no lo obliga. En ese sentido aquí entrarían dos posibilidades: aplicación y no aplicación; por un lado, se puede vulnerar un derecho sustantivo o un derecho humano.

Las cuestiones de **validez** pueden estar muy relacionadas con las de aplicabilidad. En éstos el problema radica en si una norma aplicable a una

---

30 *Ibidem,* p. 434.

31 *Ibidem,* p. 435.

situación específica se ejecuta o trabaja dentro de los límites establecidos en el sistema jurídico al que pertenece.[32]

Luego están las cuestiones de **interpretación**. La interpretación surge a propósito de un texto normativo, en el que no puede comprenderse si el sentido de la norma se dirige a T1 o a T2. Es decir, resulta poco obvio la manera en la que debería articularse este texto con otros ya existentes, pues su alcance no se percibe en su totalidad. Existe un problema de relación entre esta norma y el resto del sistema.[33]

Otra cuestión controvertida es la que recae sobre la **discrecionalidad**, que surge mediante la aplicación de normas. La discrecionalidad en sentido estricto señala que un sujeto tiene la obligación, permisión o prohibición de alcanzar un fin, en este caso, se resume con la aplicación de una norma en un caso en concreto.[34]

Finalmente, Manuel Atienza señala que la octava cuestión controvertida es la de **ponderación**[35]. La ponderación se plantea frente a los jueces en situaciones cuyas características requieren que exista una transferencia de principios a reglas. De manera regular, se ponderan derechos unos sobre otros, sin embargo, esto no quiere decir que uno sea más importante que otro, sino que se refiere a la manera de afectación que cae en ellos. Este tema será profundizado en el caso de los centinelas del muro de Berlín.

VI. BIBLIOGRAFÍA

ATIENZA, Manuel, *Curso de Argumentación Jurídica,* Madrid, Trotta, 2013, p. 431, [en línea] <https://derechopenalenlared.com/libros/atienza-manuel-curso-de-argumentacion-juridica.pdf>, [consulta: 23 de agosto, 2023].

32 *Ibidem,* p. 436.

33 *Idem.*

34 *Ibidem,* p. 437.

35 *Ibidem,* p. 438.

CLASE 8.
MODELOS ARGUMENTATIVOS.

SUMARIO: *I. Modelos argumentativos; II. Joseph Raz; III. Stephen Toulmin; IV. Ronald Dworkin; V. Robert Alexy.*

I. MODELOS ARGUMENTATIVOS

Las disciplinas ya no se piensan de manera local, sino que se piensan de manera global, por ello, el debate se circunscribe en los grandes centros académicos o en aquellos que proponen teorías o modelos. A partir de eso nosotros podemos encontrar en primera instancia una categorización de modelos de argumentación positivista.

II. JOSEPH RAZ

El primero es el de Joseph Raz, quien realiza un perfeccionamiento, por así decirlo, aunque su pretensión no era esa, del pensamiento de Hans Kelsen. Hay que recordar que Kelsen empieza a escribir su primer texto en 1919 con *La garantía jurisdiccional de la Constitución* que publica ya como juez constitucional. Es el inicio de su gran modelo de Teoría General del Derecho, pero lo que planeaba inicialmente era hacer una descripción del Derecho, no buscaba implementar un modelo de argumentación, y es que ni siquiera hay un problema para ese momento, se vuelve un problema después de la Segunda Guerra Mundial.

Posterior a este suceso, la abogacía hace una reflexión del mundo respecto de qué rol debe de tener el Derecho, si solamente debe ser aplicado *a rajatabla*, aunque evidentemente no podía ser así. Eso nos llevó a los juicios de *Nuremberg*, donde hay afirmaciones tan aterradoras como la de Eichmann, quien afirmaba que sólo *seguía órdenes*, y *estaba cumpliendo la ley sobre cualquier tipo de criterio personal,* seguido de la frase: *y si hice algo mal seguramente Dios me sancionará, pero los hombres no.*

En sentido estricto, el Derecho tenía razón. Este personaje sólo estaba aplicando el Derecho vigente en ese momento. El modelo positivista cae en una enorme crisis en ese momento, misma que pretende ser subsanada a través de la búsqueda de razones y argumentos para que las decisiones de un juzgador puedan estar basadas, no necesariamente en la aplicación absurda de la norma, sino que busquen las razones que sean necesarias y suficientes.

III. STEPHEN TOULMIN

Stephen Toulmin observa la lógica matemática en la que había un fenómeno muy interesante en el que vamos a profundizar. Nosotras y nosotros hacemos afirmaciones de hipótesis preestablecidas y que en ningún otro saber éstas determinan consecuencias en la realidad. Lo que trata de preguntarse Toulmin es ¿cómo le hacen estas personas que se llaman *abogados* para poder aplicar esta norma?, ¿cómo respaldan, cómo validan si ellos no tienen experiencia empírica o laboratorio donde fueran medidos?, ¿cuál es su modelo?

Este autor observa que uno de los usos que tiene mayor profundidad en la argumentación es la generación jurídica. El primer modelo que vamos a observar que, es un modelo que sirve de mucho a los estudiantes de Derecho, pues es un modelo general para litigantes y postulantes. De hecho, de manera ordinaria y preponderante emplearán este modelo de argumentación.

IV. RONALD DWORKIN

En 1970 aproximadamente, es escrito un texto donde se comienza a reformular la discusión con uno de los grandes pensadores como lo es Roland Dworkin. En *Los derechos en serio,* más precisamente en el segundo capítulo, dice que el Derecho no sólo son normas, sino que también son principios.

La Constitución de los Estados Unidos, más allá de obligar o sancionar, establece principios. *Todos tenemos derecho a la felicidad*; ¿cómo lo hacemos normativamente?, ¿cómo debe interpretarlo un juez para que eso pueda hacer una directriz? En lo enorme, difuso y complejo que resulta esa situación, debe entenderse que no todo el Derecho se constituye por normas.

Esta discusión se inaugura en el marco de pensar el Derecho desde los principios. No todas las normas tienen una característica prescriptiva, pero encontramos enunciados que trascienden el contenido normativo. *Todas las personas están dotadas de dignidad*: pensemos que algún texto constitucional dice eso; sí eso es como lo instrumenta, ¿qué obliga, permite o sanciona?, entonces, debe ser el ejercicio argumentativo de la autoridad jurisdiccional que les permite a ustedes llegar a esa conclusión.

Pero el modelo de Dworkin es un modelo que trasciende a la Filosofía Política, abordó la implicación entre estas dos; habla de cómo existen políticas aplicadas; por ejemplo: *todos tienen derecho a la felicidad, o a la libertad de los mismos derechos*. No tenía una definición muy clara de libertad que, si nos encargamos de analizar, era la caída del Muro de Berlín, por lo que podremos entender esa discusión debido a que los efectos eran el paraje de la superación del *gulag*.

Resulta interesante analizar este hecho, pues en el mundo eran políticas legales, en ese momento estaba transitando el constitucional académico en Alemania y, de hecho, el primero que lo tradujo fue de la siguiente manera: *injusticia extrema no es derecho*. En esa época llega un caso paradigmático: Los Centinelas del Muro de Berlín. Este caso llega al Tribunal Constitucional Alemán; representa un *giro de tuerca*, en donde empieza todo el modelo de la teoría de la comunicación política, mismo que nos permite hablar de ponderación y discrecionalidad.

Puede ser que ciertos jueces puedan no aplicar ciertos principios de la Constitución para proteger un bien, lo cual será analizado en el caso de los Centinelas del muro de Berlín.

Este modelo lo hemos capitalizado, principalmente por el tema de ponderación, pero eso es algo incorrecto. Evidentemente, la seriedad académica implica darles seguimiento a las inconsistencias, en ese sentido, si les hiciera una recomendación, sería la edición colombiana de *Teoría de la Relación Jurídica*, particularmente la segunda edición; es la mejor versión de este modelo porque cuando lo publicaron, todos sus compañeros de Alemania junto con los latinoamericanos le hicieron críticas a cada parte de su modelo, posteriormente en el prefacio contesta a cada una de esas críticas. Sin duda un texto maravilloso.

V. ROBERT ALEXY

Robert Alexy ayuda mucho a comprender el tema de Derechos Humanos, porque nos ayuda a detectar si podemos aplicar un principio constitucional, es decir, considera la calidad moral o ética para hablar de cierto tema. Si un político tiene denuncias sobre violencia de género y quisiera hablar sobre la importancia de no ejercer violencia de género, evidentemente se le descalificaría.

Todos los modelos de argumentación sobre modelos de normas, sobre principios, no están basados en un modelo de argumentación sobre la prueba, porque es la parte esencial de todo proceso, más allá del Derecho aplicable. Este último puede ser muy fácil y entendible para muchos, pero cabe preguntarse¿cómo vas a hacer tu modelo de argumentación para que evalúe con claridad los hechos a través de los medios de prueba? En este respecto, él habla de prueba sin adentrarse a cosas de ciencia o cultura.

CLASE 9.
INTRODUCCIÓN AL MODELO ARGUMENTATIVO DE TOULMIN

SUMARIO: *I. Identificación de conceptos del modelo argumentativo de Toulmin; II. Esquema relacional de conceptos del modelo argumentativo de Toulmin.*

I. IDENTIFICACIÓN DE CONCEPTOS DEL MODELO ARGUMENTATIVO DE TOULMIN

A partir de este momento debe comprenderse lo siguiente:

C: es *claim*, significa *pretensión*. Es del lugar del que se va a derivar toda la pretensión jurídica. No es lo mismo que Cn (Norma jurídica).

B: significa *backing*, que es el campo general de información. No puede ser un artículo entero, sino únicamente aquello que funciona para respaldar la pretensión.

D: *data*; información y datos no es lo mismo, pues en la *praxis* debe diferenciarse si lo que se está brindando es información, una razón o un dato. Los datos y la información deben tener una causalidad lógica.

W: *warrant*, que traducido es *garantía*. Ocurre en el paso de información de un elemento a otro, que, viéndolo en un esquema, ocurre así:

II. ESQUEMA RELACIONAL DE CONCEPTOS DEL MODELO ARGUMENTATIVO DE TOULMIN

C ———— W ———— B ———— W ———— D

Q: *qualifers.*
R: *rebuttals.*

CLASE 10.
MODELO DE STEPHEN TOULMIN

SUMARIO: *I. Algunas nociones en torno al modelo argumentativo de Stephen Toulmin; II. Claim; III. Backing; IV. Data; V. Warrant; VI. Qualifiers y rebuttals.*

I. ALGUNAS NOCIONES EN TORNO AL MODELO ARGUMENTATIVO DE STEPHEN TOULMIN

Vamos a trabajar el modelo de Stephen Toulmin, me parece fundamental que no perdamos de vista cómo éste, es un modelo de argumentación que nos permite ayudarnos como postulantes a entender cómo se desarrolla una argumentación jurídica.

II. CLAIM

Según la lectura, ¿qué es el *claim*?

A: La pretensión.
P: ¿Qué nos dice Manuel Atienza sobre eso? ¿Qué es la pretensión?

Es el punto de partida, y ese punto de partida es cómo planteamos, es una idea o una intención en un proceso argumentativo. Es el punto de partida que le va a dar génesis a todo el proceso argumental. Uno de los elementos que no debemos olvidar en todo proceso argumentativo; la parte importante de que sea un proceso es que la serie concatenada de pasos nos debe llevar a la validación de su *claim*, su pretensión. Toda la serie de pasos, pensemos que, desde el cero hasta el diez, nos van a llevar a validar nuestra pretensión. Y esa pretensión se vuelve sustancial al momento de probar allá fuera cualquier cosa, ¿muy bien?, vamos entendiendo esto parte por parte.

III. BACKING

Segunda parte, ¿cuál es el segundo elemento que dice Toulmin que se presenta en su modelo? El respaldo, que sería el *backing*, ¿dónde lo podemos encontrar? En el Derecho aplicable al caso, esto es importante de diferenciar porque cuando nos enfrentamos a un artículo, a una proposición normativa, no sólo trae una proposición normativa, sino que acarrea varias de ellas. Independientemente de que se cite el artículo 930 de una ley, no significa ahí se encontrará todo el respaldo de nuestra pretensión, sino, ¿qué parte de esa disposición? Es aquí donde tenemos que diferenciar entre el *fundamento* y la *fundamentación*: el fundamento es el artículo, mientras que la fundamentación tiene que ver con ese elemento parcial del artículo que es aplicable y tiene una correlación directa con mi pretensión.

La *fundamentación* es lo más concreto. Pensemos que quiero citar el artículo 6° de la Constitución, en ese sentido no se va a aludir algo como *quiero probar que alguien tiene derecho a la réplica* o *Jazmín tiene derecho a la réplica por una noticia falsa que publicaron de ella.* Si yo les preguntara respecto del fundamento del homicidio, me responderían con el artículo que regula el homicidio, pero si yo quiero la fundamentación para probar que "X" mató a "Y", ¿cuál sería la fundamentación?

La fundamentación es una guía, una directriz de qué parte del artículo quiero que tú veas, porque muchos abogados postulantes cometen ese error: *según el artículo 333 del Código Nacional de Procedimientos*... y el juez se pregunta: *sí, ¿qué parte?* Sólo se está diciendo el fundamento, pero no la fundamentación, y para Toulmin la parte del *backing* es la fundamentación... nosotros estamos yendo más allá de la subfunción, porque la *subfunción* solamente es el encuadramiento de la conducta o hecho a un tipo penal, por lo tanto, nos da la sanción. Eso es más complicado, porque en este modelo, ¿dónde vieron un hecho? No hay hechos, por eso el modelo de Toulmin es muy rico para los abogados, porque en concreto analiza, y finalmente, logramos probar un argumento sin la necesidad fáctica.

El otro elemento, *grounds*, eso quiere decir razones. Aquí hay que hacer una diferenciación importante, porque dice que puede ser entendido como *data.*

IV. DATA

Con esta información para que ustedes entiendan la diferencia entre razones y esta *data,* me gusta este ejemplo porque es muy chistoso: yo digo que una persona me gusta mucho (ésta es mi pretensión), y no sólo es físico sino espiritual, y me gustaría que fuera mi novia. Pero mis razones son que: creo que haríamos una maravillosa pareja y que haríamos gran equipo. Ahí van, se acercan, como buenos neófitos que son en las relaciones interpersonales, *neófitos,* no está mal decirlo, todos desconocemos, todos los somos en algún momento. Entonces nos acercamos con esta persona y le decimos: *Oye, mi pretensión es que seas mi novia,* y te contestan *Ah, pues sí, ¿pero qué razones me das?,* y podríamos contestas *Pues las personas que llevan saliendo más de tres meses ya deberían de formalizar algo, ¿no?.*

Eso es *data,* es solamente información y datos. Pero no es una razón, entonces la diferencia entre razones y *data* se vuelve fundamental, porque las razones son los vínculos en los cuales vamos a construir nuestro proceso argumentativo. En el caso específico de la materia jurídica, las razones pueden estar íntimamente relacionadas con el ejemplo: *los hijos tienen derecho a suceder a los padres,* esa puede ser una razón. Pero que Pedro sea producto de una relación incestuosa, ¿eso qué podría ser para el caso? En materia jurídica hay que diferenciar entre *data* y la razón. Voy a poner un ejemplo: *todos los hijos deberían suceder a los padres,* esa podría ser una razón, pero una *data* o solamente información estadística podría ser: *el 70% de los casos de materia de sucesiones se da en hijos ilegítimos.* No tiene una relación: es *data.* Hay que aprender a cómo ésta puede construir razones, y eso tiene un proceso, o un criterio de aplicación.

V. WARRANT

Pero ¿qué es *warrant*? Garantía ¿Qué es la garantía? Las garantías no presentan hechos, pero son una regla para poder pasarlo de una información a otra, ¿quiere decir que el *warrant* es como una receta de cocina?, ¿eso cómo nos afecta en materia jurídica?, ¿previsibilidad jurídica?, ¿cuál podría ser la garantía de que todos los hijos pueden heredar? La ley, el vínculo familiar, tiene que ver con los criterios y los parámetros con los que creamos nuestro enunciado, por eso el parámetro de Derecho Sucesorio y de obligaciones están relativamente bien, pero la conclusión es errada

¿Por qué? Porque para que nosotros podamos pasar de la pretensión más básica de que *"X" tiene derecho a heredar lo de "Y"*, nosotros tenemos una serie de razones como *todos los hijos tienen derecho a suceder a sus padres*, para pasar *de aquí a acá*, tendríamos que hacer un *warrant*. Esto es, determinar qué vamos a considerar como un *derecho*, qué vamos a considerar como *suceder*, como un parámetro para poder determinar que *"X" lo tiene sobre "Y"*.

En materia Penal, estamos de acuerdo que existe algo que se llama *prisión preventiva oficiosa*, la cual se aplica sólo para ciertos delitos que son considerados graves o del interés público. En el caso en concreto, quieren sancionar a "y" por el delito de *huachicol*, que es un delito grave, como lo dice la Constitución, por lo que amerita inmediatamente una medida cautelar, y dicha medida sería la prisión preventiva oficiosa. Ese salto lógico tiene un problema, hay un problema de garantía, porque, aunque establezca que es un delito grave, no es la única medida cautelar. Lo que denominamos *medida cautelar* es una medida que ante la peligrosidad de cierta persona podemos imponerle ciertas restricciones o concesiones respecto al proceso penal. La garantía en este caso sería la idoneidad o la justificación de esa medida, la garantía sobre la prisión preventiva oficiosa en el caso concreto es que no sería prisión preventiva oficiosa, sino que sería *prisión preventiva automática*. Esto no lo menciona así la Constitución, el criterio de palabra de *oficiosa*, no sólo significa que sea de oficio, sino que esté justificada y tenga una relación de idoneidad.

La garantía, es la manera en la que podemos pasar de una información a otra, es el parámetro. Pero ese parámetro no lo ponemos nosotros, lo pone la propia pretensión, para poder enlazar o conectar nuestras razones. Ustedes observarán que, dentro del proceso de la argumentación jurídica, las garantías son la parte más importante del proceso argumentativo, derivado también de los cualificadores y de las condiciones de refutación.

La voluntad de Y, qué es *hijo*, qué es *derecho*, qué es *sucesión*, qué es garantía están determinados en el caso de la Argumentación Jurídica, por un parámetro o idea de *legalidad universal*, por un hecho jurídico, ahí es donde la parte más importante de la fundamentación se da.

Los que son postulantes más o menos me están entendiendo hacia dónde voy con el tema de las garantías, porque tú no puedes llegar con la autoridad a decir: *huachicol, por tanto: prisión preventiva oficiosa*. No es así, porque la garantía como una medida cautelar es privarlo de su libertad por su peligrosidad, la cual no se cumple en el caso fáctico de México, por eso es, en realidad, prisión preventiva automática. Por esto último la discusión en la CIDH es *no está siendo prisión preventiva oficiosa, porque aún la oficiosidad tiene un elemento de justificación y de idoneidad*: el *warrant*, su garantía. ¿Cómo dices que “X” aunque tiene una serie de derechos contenidos en la Constitución, son aplicables a ti? Aún existiendo condiciones tales como retirar el pasaporte, notificarlo en domicilio, inhabilitación de las cuentas bancarias, se priva de la libertad únicamente porque es delito grave, ¿entonces lo grave restringe el proceso penal? La garantía no es lo suficientemente válida. Las garantías son fundamentales en el paso de una argumentación. No podemos hablar de nexo causal porque la causalidad está íntimamente relacionada con los hechos, lo que nosotros tenemos que señalar en este momento es cómo la garantía pasa a la razón para validar mi respaldo, es un proceso inferencial.

Un ejemplo más sencillo: Marla llega con su mamá, le comenta *tengo una clase muy padre, se llama oratoria forense*, su madre le contesta: *Muy bien, si sacas 10, te llevo al cine.* Esa es la pretensión de la mamá, denme tres razones de la mamá. Pretender que saque buenas calificaciones, motivación, compensación, son *grounds*. El *backing* sería la mamá como autoridad normativa, ella es la emisión de la autoridad. Su *warrant* sería la excelencia.

Si Marla me dice: *¿y si saco 9?*, y su madre responde: *Entonces todo lo que te daré será un abrazo.* En este caso, el parámetro, la garantía para *si saco 10, voy al cine* es un premio, dado por la excelencia. Es un ejemplo fácil. La garantía es el parámetro en el cual será evaluada la pretensión. La *data* sería que le gusta mucho la materia. Es un paso lógico necesario para cumplir la pretensión.

VI. QUALIFIERS Y REBUTTALS.

Una relación que tenemos que observar sobre los cualificadores y las condiciones de refutación es que una precondición de cualquier proceso argumentativo reconoce que existe un dilema que resolver, pero para que exista el dilema deben existir dos posiciones que se enfrentan. Toda argumentación no está dada en la nada, sino creada y construida determinando que existe otra que pone en pugna lo que yo digo.

Otro ejemplo: pensión alimenticia. La pretensión es que pague la pensión alimenticia a los menores. Las razones son que es obligación de los padres proveer alimentos. La garantía sería que la categoría de padre impone obligaciones y que no son derechos renunciables, sino necesarios.

Esto es un modelo general para ganar juicios allí afuera ¿Qué determino como necesario? Bajo la relevancia, la aceptabilidad y bajo la buena razón de ello. Por ejemplo, nociones como *mucho* como cualificador o *inconmensurable*, que es más allá de lo contable, delimita los parámetros. También el *ahorita* que pueden ser para alguien dos horas y para otra persona dos minutos.

Los cualificadores son los que hacen una argumentación jurídica más precisa, y eso, allá afuera, les va a dar el triunfo en sus pretensiones, porque si cambiamos a *todos los hijos deben suceder a los padres*, por *todos los hijos necesariamente deben suceder a los padres*, impone una relación probatoria distinta.

Un ejemplo más complicado en condiciones de refutación: en un ministerio público, levantan la mano y se dice *la Constitución dice que se debe considerar la prisión preventiva oficiosa como una medida en la cual cualquier delito grave sea sancionado y su proceso se lleve a cabo dentro de la cárcel*, dicho criterio no mide la peligrosidad, sino si es idónea y justificada la decisión. Si se trata del tipo penal correspondiente a delincuencia organizada, existe posibilidad de que tenga apoyo externo y se desaparezca, por lo tanto es conveniente tenerlo adentro. El asunto se complica porque la garantía no es tanto una garantía.

En el caso específico del pago de alimentos: ¿por qué el padre tiene obligación de brindarlos si no gana lo mismo que la madre? Porque se determina una proporcionalidad en la obligación, se vuelve una obligación adecuada a su capacidad. Todo el tiempo vamos a estar bordeando la pretensión, el *claim*.

Aunque la disposición normativa sea más garantista, si alguien pretende "x", sólo se sancionará "x", salvo otra disposición de la autoridad, pero la autoridad no está facultada de hacer más de lo que se prevé.

En la práctica legal, asumimos la garantía como elemento dado y esto es un error. Damos por sentado que una norma sea válida, aplicable y existente, pero puede haber muchas cosas que no tengan esa condición y que aún así produzcan consecuencias jurídicas y nosotros tengamos una pretensión del caso.

No entiendan la garantía como el derecho humano, sino las consecuencias lógicas necesarias para pasar la pretensión a las razones. Tratar de conceptualizar algo, hace que las cosas se encasillen, entonces puede aplicar algo mal doblemente, puede tener la apariencia de algo y no necesariamente serlo.

CLASE 11.
PROBABILIDAD

SUMARIO: *I. Introducción al concepto de probabilidad; II. Aplicación al modelo de Toulmin; III. Acercamiento práctico al modelo práctico del modelo de Toulmin.*

I. INTRODUCCIÓN AL CONCEPTO DE PROBABILIDAD

Para iniciar esta parte del curso, lo primero que hay que poner de manifiesto es que se trata de un término modal. El adverbio *probablemente* funciona para **matizar** las conclusiones y las aseveraciones, es decir, el enunciado tiene un **carácter no del todo categórico**. Aquel que ha enunciado una aseveración o una conclusión no se compromete con lo dicho **más allá de cierto punto**. Es decir:

- Promesas precavidas → *probablemente haré esto.*
- Predicción provisional → *probablemente pasará aquello.*
- Evaluación cautelosa → *probablemente este animal es el más grande del zoológico.*

No hay una manera clara de diferenciar promesas, predicciones y evaluaciones basándonos únicamente en el uso de la probabilidad, su fuerza es la misma en todos los casos. La medida en la que podemos comprometernos con la realización del contenido de un enunciado depende de la fuerza de la justificación, de las razones y los datos disponibles.

Por ejemplo, en la última semana, un niño ha ido todos los días a casa de su vecina a jugar; un día al despedirse, la vecina le comenta: *vendrás mañana, ¿verdad que sí?,* si supiera que nada podría impedírselo, pudo contestar que *sí*, pero mañana irá al zoológico, entonces tiene las siguientes opciones:

- Decir que *sí*, no llegar y dejarla esperando (con las consecuencias secundarias).
- Decir que *no*, llegar y no poder ir a su casa porque ya le había dicho que no iría.
- Decir *probablemente vendré*, ¿qué se desprende de esa aseveración?
    - << S es P >> → existe mucha seguridad de ello ← << *Haré A* >> → toda la intención de hacerlo
    - << Creo que S es P >> → podría estar equivocado ← << *Espero hacer A* >> → Puede ocurrir que no.

En el caso de las promesas, se da un paso más allá. Se pone en juego la reputación pues se ha comprometido delante de otros. No es esperar hacer algo, no es tener la intención de hacer algo, no es intentar hacer algo... es hacerlo. Emplear *probablemente* aleja los problemas de las promesas: 1) se usa para asumir obligaciones bajo ciertos requisitos estipulados previamente y 2) para pronunciarse de las propias intenciones de manera matizada.

Por su parte, los términos de probabilidad sirven para: 1) matizar aseveraciones, promesas y evaluaciones, o bien, 2) indicar la fuerza que posee el apoyo que motiva la aserción, evaluación, etcétera. El tipo de matización que puede incluirse en las afirmaciones está determinado por la calidad de los datos y pruebas. Así, al matizar las conclusiones, autorizamos a los oyentes a creer en ellos, inspira confianza en su realización, puede fiarse de ellos, se las considera más o menos dignas de confianza.

II. APLICACIÓN AL MODELO DE TOULMIN

Hay que recordar los elementos básicos del modelo propuesto por este autor, disponibles, para su mejor visualización, en la siguiente tabla:

Claim	Punto de partida / Pretensión
Backing	Respaldo del argumento
Grounds / Data	Razones a favor de la pretensión / Datos
Qualifiers	**Cualificadores modales**
Rebuttals	Condiciones de refutación
Warrant	Garantía

Para empezar a centrarnos en el terreno de los *qualifiers*, preguntémonos mediante un ejemplo ¿qué probabilidad tiene Pedro Marco de heredar los bienes de Pedro?, y ¿qué acercamiento tienen ustedes con la probabilidad? Todos tenemos un concepto matemático porque nunca nos hemos acercado a un concepto de *probabilidad* filosófico, que es lo que hace Toulmin. El concepto de probabilidad básicamente es un término modal, el término *probablemente*, funciona de alguna manera para matizar las conclusiones y las aseveraciones, como ya habíamos adelantado con anterioridad.

Cuando se señala esta cualidad de *modal*, es importante aseverar qué es la *modalidad*, es decir, los *qualifiers* o los calificadores. Cualificar o determinar algo es determinar un patrón medible en términos matemáticos de un hecho, aunque también puede suceder el caso que recuperemos un elemento que no necesariamente tenga que ver con la comprobación sino con qué pasa efectivamente. Esto es un tema cercano a la evidencia. Y los grados de verdad con esa determinación gradual, van a posibilitar que algo efectivamente se dé.

> P: ¿Hay alguien en este grupo que le guste a usted? ¿Qué probabilidad hay de qué la persona que usted considera menos atractiva le conceda una cita?
> A: Del 50%.
> P: ¿Por qué del 50%?
> A: Si fuera una persona soltera, amable, respetuosa y fuera linda conmigo, probablemente accedería.
> P: ¿Y el otro 50% de qué depende?
> A: De que me desagrade.
> P: De qué le parezca desagradable. Y si de ese 50% inicial cumpliera únicamente unas tres cosas de las que solicita, ¿su probabilidad se reduciría? ¿Están observando que la probabilidad de que suceda algo aún cuando tiene el 50-50 se va reduciendo conforme a criterio del 50% inicial? Eso también pasa en la argumentación jurídica que tiene que ver exactamente con su *claim*.

Entonces, con este ejemplo, es más fácil comprender que la probabilidad en un argumento se utiliza no para comprometerse con algo, sino para decir algo, pero con una especie de *condición*. En la probabilidad hay un hecho, supongamos: *El día de hoy debería hacer X*, donde X sería hacer tarea, entonces yo podría hacer X sólo si ocurre Y. ¿Qué sería Y? Podría señalarse que es comprender el tema de hoy. Entonces el enunciado quedaría: *puedo hacer la tarea sólo si comprendo el tema de hoy*. Ahí estamos en la probabilidad: *en caso de que yo no entienda el tema de hoy, existe mayor proba-*

bilidad de no poder hacer la tarea. Entonces la probabilidad nos sirve, según Toulmin, para tres precisiones:

1. Hacer promesas precavidas, es decir: *prometo hacer A sólo si ocurre B.*
2. Para una predicción provisional, es decir, no se tiene el conocimiento de todo el espacio y, por lo tanto, lo poco que yo alcanzo a ver, hago una predicción hasta no saber en su totalidad el ambiente.
3. Hacer una evaluación cautelosa. Supongamos que vamos a zoológico y de repente pasa un animal que probablemente sea el más grande de éste, no estamos seguros, pero probablemente lo sea. Con esto, vemos que la probabilidad implica también un *compromiso a medias,* es decir, la medida en la que nos comprometemos con asegurar o realizar algo depende de la *fuerza de justificación,* depende de la justificación y de los datos que tenemos.

Volvamos al ejemplo del niño y el zoológico con el que Toulmin, nos acerca a ese tema de la probabilidad: un niño va toda la semana a jugar a casa de sus vecinos, la vecina le pregunta al niño si irá el día siguiente. ¿Cuántas respuestas podría dar el niño?

A: Sí y no.

Resulta, que el niño tiene plan es el siguiente día de ir con sus papás al zoológico, entonces puede que llegue a tiempo o puede que no, ante esta situación, ya lo habíamos explorado, podemos decir que hay tres respuestas: 1) decir que sí y no llegar; 2)decir que no y llegar; y 3) decir *probablemente vendré.* Entonces aquí vemos que la probabilidad está *dando un colchón* a su respuesta. Cuando *S es P,* es porque estamos seguros de un enunciado. Si decimos *creo que S es P,* estamos hablando de probabilidad. Después de la probabilidad, encontramos algo que es la promesa, la cual tiene cierta fuerza porque nos estamos comprometiendo algo: *yo prometo hacer X,* pero al incumplirse ¿qué está en juego? La palabra, la credibilidad, la confianza. La promesa no es esperar hacer algo, la intención de hacer algo o intentar hacer algo, es hacerlo. Toulmin los relaciona con la mala fe: *si no voy a poder hacer algo, ¿por qué prometo hacerlo?.*

III. ACERCAMIENTO PRÁCTICO AL MODELO PRÁCTICO DEL MODELO DE TOULMIN

Vamos relacionándolo con las dos disposiciones normativas que tenemos acá. La disposición normativa que tenemos es que cuando el maestro llega, ustedes guardan silencio. Pregunta: ¿por qué la compañera quiso regatear cuando la única opción era la disposición normativa?, ¿qué probabilidad hay de qué cuando yo llego, ustedes guarden silencio? Sería un 10, ¿no? ¿O hay algún impedimento para que ustedes guarden silencio? Salvo que exista una situación que los incapacité para guardar silencio.

Algo que tenemos que reflexionar de la propia argumentación jurídica, es que, por ejemplo, en caso de qué X pueda heredar los bienes de Y, *puede*, no implica que cuando tienes un derecho éste se te brindará, porque hay una serie de precondiciones que determinan su posibilidad. Pero si tienen las condiciones y requisitos para que es eso suceda, y no sucede, entonces podemos deducir la mala fe, y eso nos lleva a otro tipo de razonamiento.

En este ejemplo, que es una disposición normativa tan clara, tan básica, ustedes están observando con claridad el funcionamiento del Estado de Derecho. Recuerden que la probabilidad en este caso, es un tema filosófico, no piensan en un 50% o en un 70%, piensen en *condiciones, parámetros,* o *grados.* Si su clase es de siete a ocho veinte horas, ése es su parámetro. Pero, ¿cuál es la precondición para que eso suceda? Que la clase empieza a las siete, si no ocurre, ¿qué pasaría?

A: Ya no se cumple el parámetro, entonces ya no existe una probabilidad del 100%.

Al incumplir el parámetro la predictibilidad de un hecho se va a disminuyendo, por eso, mientras sus profesores relajan más el tiempo de llegada, más se extienden en llegar tarde, porque el parámetro se vuelve difuso. Ahora aplíquenlo en materia jurídica, el asunto cambia, ya pierde la calidad de lo razonable. Hasta ahora la probabilidad tiene dos funciones: la primera, es matizar las promesas, mientras que la segunda, es indicar la fuerza que posee el apoyo que motiva la aseveración la separación de la evaluación.

A: ¿Un ejemplo de parámetro sería que las detenciones no pueden exceder de 72 horas?

Por eso el lenguaje del Derecho trata de disminuir ese margen de lo difuso, por eso la normativa no dice tres días, por eso muchas redacciones van en ese sentido. Se cuenta a partir del día en que se notifique, quince días para disminuir el *margen de error*. Lo que nosotros tratamos de disminuir, en términos de la teoría de la probabilidad, es el margen de error, o cuantas veces de manera natural, dichas condiciones se pueden dar. En términos de argumentación jurídica eso importa, porque si ustedes van a defender a Marcos que quiere suceder a Pedro, y les pregunta: *¿En qué probabilidad me garantizas que voy a tener mis bienes?* La respuesta debería estar determinada en la capacidad de la probabilidad de matizar la pretensión o evaluarla.

Otra cosa importante es qué la matización recae en los rasgos que tenemos, a manera de darles las características de la matización, podemos decir que lo que queremos lograr es generar confianza nuestros datos, que aquellos que nos oyen crean en lo que estamos diciendo o por lo menos hacerlos dignos de creer, aquí ya es factible indicar que la credibilidad merece una proposición, ¿pero hasta qué punto se puede confiar en su realización? Y aquí entramos de manera general en una cuestión filosófica y numérica.

En este modelo, tenemos que determinar la probabilidad de que sea *necesario* o *plausible* nuestra pretensión. Hay una última cosa que tiene que ponerse a pensar más allá de la capacidad, de la aceptación, de que haya bienes que dar, entre otras condiciones que puedan afectar esa posible transmisión de la propiedad.

Eso nos lleva a cuestionarnos: ¿los hijos no tenemos deberes con los padres? Y si los incumplimos, ¿tenemos derecho cualquier cosa? Esta metodología de la argumentación nos va a llevar a las condiciones de refutación, en la medida en la que se fue evaluar y utilizar su *claim*. Poder determinar las condiciones de refutación de una argumentación, es decir, donde están nuestros *campos oscuros*, o donde falla nuestra argumentación.

Pero eso se vuelve más difícil con ustedes cuando ustedes ni siquiera han pasado la vista por el código. Deben conocer el Derecho aplicable al caso. Las cosas en el mundo fáctico no son tan sencillas, porque existe la posibilidad de qué en el testamento no le sean asignados vienes, o tal vez ni siquiera era hijo, o había cosas que no se podían heredar, todos estos escenarios deben ser contemplados y comentárselos a su cliente.

CLASE 12.

EJERCICIO PRÁCTICO: APLICACIÓN DEL MODELO DE TOULMIN EN UN CASO PRÁCTICO

SUMARIO: *I. Punto de partida del caso práctico; II. Análisis de los elementos del caso práctico.*

I. PUNTO DE PARTIDA DEL CASO PRÁCTICO

Caso: Pedro es un servidor público, quien ha recibido más ingresos de los que debería. Pretensión (*claim*): Determinar la responsabilidad. Debe considerarse que hay dos derechos aplicables: penal y administrativo. El primer paso, incluso antes de adentrarse a las disposiciones penales o administrativas, es identificar si algún principio del Derecho es aplicable a este caso: *non bis idem.*

A: Yo consideré que hay un incremento en el patrimonio, pero es probable que o haya obtenido lícitamente o ilícitamente; al no tener la certeza del origen de estos recursos, emplee la Ley General de Responsabilidad Administrativa para vincular a Pedro a un procedimiento administrativo para que explique de dónde los obtuvo. Cité el artículo 4° por los sujetos, el 32 que contiene la obligación de declarar, 37 para los casos en los que el incremento sea injustificado y las facultades de las autoridades. Por ello, yo no le asigno responsabilidad penal, sino que únicamente se solicita que explique cómo obtuvo ese dinero. Para el *ground* describí: *Pedro es funcionario público que puede ser sujeto a procedimiento administrativo por el incumplimiento o la no acreditación de sus ingresos,* mientras que en el *warrant* señalé que *Pedro será vinculado a un procedimiento administrativo por el inexplicable incremento de su patrimonio para que aclare de dónde obtuvo sus ingresos.*

P: Perfecto, porque el modelo de Toulmin es empleado para mantener clara nuestra pretensión. La parte fundamental del modelo es que entiendan la probabilidad, pues no podemos asegurar que un incremento en el patrimonio es ilegal, porque puede que el resto de sus ingresos sean lícitos. Omitir no es ocultar.

El Derecho contiene categorías, que funcionan para rescatar las características esenciales de una situación o un objeto, por lo que funciona para mantener clara la pretensión, así que, si el *backing* fuera difuso, no podría ser concreto, sino que también sería difuso. Otro dato importante es que señalar las leyes en orden jerárquico apoya el sentido del argumento.

II. ANÁLISIS DE LOS ELEMENTOS DEL CASO PRÁCTICO

Cuando tengan un enorme campo de disposiciones normativas, traten de hacerlo como una sumatoria. Para que ustedes puedan determinar la calidad de *Y*, *Y* tiene sus características A1, A2, A3, A4, etc., una está en la Constitución, otra es una ley reglamentaria, otra en un reglamento, en un criterio jurisprudencial, etc. La sumatoria de esto debería de ser lo más cercano a *Y*.

Esa técnica únicamente funciona para poner orden al momento de presentarlo en una audiencia ante un órgano jurisdiccional y que quede clara su pretensión, porque si no, la manera en la que ustedes hacen su respaldo, se vuelve difusa. Es importante que hagan una correlación entre su pretensión y su respaldo, para que así pueda ser clara la garantía.

¿Por qué hacemos un ordenamiento del *más grande* al *más pequeño*? Porque el orden jerárquico le puede dar claridad al juzgador de dónde se están trazando las características y demostrar sus inconsistencias. Cuando pasemos a los métodos de interpretación, ustedes van a observar con mayor claridad como éstos también tienen reglas, ya sea la gramatical, la esquemática, la histórica, la teleológica, la argumentativa, que serán una parte sustancial para que ustedes puedan hacer aplicable el Derecho. No hay que perder esto de vista.

Uno de los errores de la Psicología clásica, incluso en el Derecho, vienen de la llamada *teoría de la mente*: no suponer, porque suponer nos lleva mayoritariamente a cometer errores. En este caso lo que tenían era únicamente la omisión, con una investigación más profunda podrían llegar al ánimo de la declaración, podríamos saber cuáles son los recursos e ingresos que tiene, ya con el monto total de sus bienes podríamos evaluar si cuadra o no. Únicamente después de hacer esa evaluación, podríamos decir que no cuadra con sus ingresos comprobables, y sólo después de eso ustedes tendrían razón. Pero pensemos, que desde un principio suponemos la ilicitud de los recursos, ¿qué estaríamos haciendo? Negándole la presunción de inocencia y el principio de legalidad.

Por eso en su momento veremos tres métodos para argumentar mejor. Primero el de inferencias fácticas, que trata de crear escenarios. Luego el *Chat Method*, que tiene que ver con pruebas, evidencias, y cómo se determina la existencia de un hecho (este método es altamente empleado en el *Common Law*). Por último, el método de la ponderación.

CLASE 13.
CASO MININUMA[36]

SUMARIO: *I. Introducción al caso Mininuma; II. Breve análisis de los elementos del caso Mininuma; III. Bibliografía.*

I. INTRODUCCIÓN AL CASO MININUMA.

El caso Mininuma funciona para comprender de qué manera ocurre la argumentación jurídica jurisdiccional, sin embargo, se estudiará la manera en la que este tipo de argumentación puede emplearse para perseguir una pretensión. Éste, es un caso que tiene que ver con la defensa de derechos, particularmente sociales. Lo interesante de él, es si una categoría jurídica es *X* y que evidentemente al encasillarlo en eso restrinja, a su vez, los derechos de una persona. Las leyes o las disposiciones no siempre son tan protectoras como quisiéramos.

La discusión que se tiene en el caso Mininuma es muy interesante ¿Es posible que a una persona o a una comunidad entera se le restrinja su derecho de acceso a la salud porque no cumple con la población suficiente para que se instale un centro médico? Nosotros observamos que en primera instancia podría parecer razonable desde el Derecho, que para que en un pueblo exista una unidad médica debe contar con un cierto número de población. En esta reflexión primaria ustedes dirán que suena razonable que un radio de 15 kilómetros con una población de 2500 habitantes podamos poner un centro médico:

---

36 Para esta sección del curso se les solicitó a los alumnos que leyeran el Caso Mininuma. *Cfr. Caso Mininuma* [en línea], < https://www.globalhealthrights.org/wp-content/uploads/2013/08/Mini-Numa-Mexico-2008.pdf>, [consulta: 18 de septiembre, 2023].

> Artículo 202. Las cabeceras Municipales con más de 20,000 habitantes, el Ayuntamiento, a propuesta del Presidente Municipal, podrá crear Delegaciones Municipales como órganos administrativos desconcentrados por territorio, jerárquicamente subordinados al presidente municipal, con el ámbito de competencia territorial que el propio Ayuntamiento establezca.

Este artículo es aplicable para aquellas localidades en las que no existan comisarías.[37]

Lo preocupante del caso por lo cual llega a la Suprema Corte de Justicia de la Nación es que detrás de esa restricción de ese centro de salud hay muertes, dos menores y un adulto menor. Nosotros entendemos en abstracto que dice la autoridad que en un radio de 15 kilómetros debe haber 2500 habitantes para poder establecer un centro médico, la pregunta es: ¿todas las condiciones nos darán?

> A). La resolución de fecha 16 de octubre de 2007, y notificada el 19 del mismo mes y año, en la que la responsable ordenadora al resolver en el expediente 4083, el Recurso de Inconformidad interpuesto por los hoy amparistas, que además de negarnos nuevamente el derecho al acceso a la salud, como pueblo indígena Mixteco, de manera infundada determinó desechar de plano nuestro recurso de inconformidad que hicimos valer de acuerdo a la Ley de Salud del Estado, es decir, confirmó su primer determinación de fecha 19 de julio de 2007, en la que por primera vez negó a la comunidad de Mininuma, proveer en todo lo necesario para que tuviera una unidad médica, con personal capacitado y cuadro básico de medicamento, y;
>
> B) De las autoridades señaladas como ordenadoras y ejecutoras reclamamos la violación al derecho a la protección de la salud, consagrado en el artículo 4° de la Constitución Política Mexicana, debido a que los amparistas no contamos con acceso a los servicios de salud que por ley debe garantizar la secretaría de Salud del estado de Guerrero.[38]

Aquí la pretensión como acto de reclamo es que se le negó el acceso a la salud, pero la pregunta es ¿por qué en el acto reclamado no piden que se les ponga un centro de salud? Se observa que la pretensión no es tan clara como *me vulneró mi derecho de acceso a la salud*, o *me niega mi derecho a X porque no se me brindan los medios necesarios para materializarlo.*

---

37 *Ibidem*, p. 8.

38 *Ibidem*, p. 1.

Los derechos sociales frente a los derechos civiles y políticos tienen una diferencia ¿Cuándo restringen un derecho a la salud o a la educación cómo se restituye? La restitución con los derechos civiles y políticos es muy objetiva y clara: te quito libertad, pero te la restituyo, pero, ¿si nos quitan un derecho a la salud?

En este caso, al haber tres muertes se vuelve de imposible reparación. No es tan fácil determinar el daño y sobre todo tampoco es fácil la restitución. Sobre esto, el Sistema Interamericano de Derechos Humanos plantea tres medidas o medios de reparación de violación los Derechos Humanos:

1. Económica.
2. Omisión legislativa.
3. Simbólica.

II. BREVE ANÁLISIS DE LOS ELEMENTOS DEL CASO MININUMA

Pero aquí es donde debemos comenzar a entender la pretensión, que no versa sobre *pongan una unidad médica porque violaron mi derecho a la salud*, sino en *me violaron mi derecho a la salud porque no me dieron los medios para acceder a través de una unidad médica*. Es diferente porque el agravio es muchísimo mayor y abstracto pero fácil de probar. En el caso hay una agravante: que son indígenas. Cuando conocemos a un grupo vulnerable, su situación de vulnerabilidad agrava el asunto.

¿La autoridad, razonablemente, podía considerar desechar ese recurso sólo porque a 15 kilómetros sí había ese recurso y no tenían 2500 personas para cumplir con la característica de población?, ¿entonces podía negarse a dar una institución médica? Vamos a pensar que la norma es una caja, pero el Derecho es muchísimo más grande que la caja. La categoría jurídica bajo el principio de legalidad dice que sólo se entenderá por el derecho lo que se contiene en la caja ¿Se puede meter algo más grande que la caja en la misma? No, y eso es lo que se debe observar de las pretensiones, mucho en los casos que implican una enorme abstracción.

El acercamiento a un texto jurídico como el caso Mininuma, tiene cuatro elementos importantes.

1. La pretensión determina nuestro esquema argumentativo y lo que vamos a probar y a hacer evidente.
2. La estrategia de elegir el daño o los agravios que se generan para poder probar la conexión entre la pretensión y los daños.
3. Debe de ser consistente dicha relación con lo que se pretende obtener.
4. El ejercicio de convencimiento en la retórica jurídica tiene que estar sustentada en las maneras de ver al Derecho.

En la sentencia Mininuma, las y los abogados que presentaron este caso ampliaron la interpretación con lo que tenían y señalaron que el Derecho no era sólo la pequeña caja sino que es el círculo, evidentemente muchísimo más grande que la caja.

En términos argumentativos, la defensa de esta comunidad indígena trato de probar en todo momento un agravio mayor y determinar la razonabilidad que implicaba la resolución de la autoridad y eso son, por supuesto, estrategias retóricas. La parte importante de convencimiento y de retórica siempre empieza por un proceso de validez argumentativa y toda validez de argumentación está íntimamente ligada entre el *claim*, *backing*, *warrant* y particularmente la *data*.

III. BIBLIOGRAFÍA

Caso Mininuma [en línea], < https://www.globalhealthrights.org/wp-content/uploads/2013/08/Mini-Numa-Mexico-2008.pdf>, [consulta: 18 de septiembre, 2023].

CLASE 14. *CASO MININUMA (SEGUNDA PARTE)*

SUMARIO: *I. Recuperación de algunos razonamientos sobre el caso; II. Continuación de breve análisis de los elementos del caso Mininuma.*

I. RECUPERACIÓN DE ALGUNOS RAZONAMIENTOS SOBRE EL CASO

Una persona vive en la colonia X, su pretensión es probar que en la colonia X viven 30 millones de personas. Esta pretensión puede ser ilógica a simple vista porque sabemos que una sola colonia no puede contener tanta gente. Pero si agregamos como *backing* que la colonia X tiene como característica que el 99% de sus construcciones son rascacielos de más de 50 pisos, ¿ahora cómo se ve la pretensión?

A: Parece asequible, pero la situación es la misma.

Y si nuestra garantía establece que una característica de la colonia X es que es la colonia más densa de población en México ¿cómo parecería la pretensión?

A: Sigue siendo cuestionable.

A lo que nos estamos enfrentando tiene que ver con la idea de *justificación.* Como nosotros sabemos cuándo planteamos una pretensión, ésta carece de verdad, no estamos planteando algo verdadero sino más bien algo que aspiramos probar y evidenciar. Es la manera en que vive un nexo entre el *backing* y su garantía, y en algunos casos, entre la data y las razones, que podemos llegar a justificar la causalidad.

Este ejemplo que parece muy burdo tiene que ver con el proceso argumentativo, la parte más importante de la argumentación jurídica es como vamos justificando nuestra pretensión. Pondré un ejemplo muy básico, el día de mañana a todas y todos ustedes les tocará defender *presuntos culpables*, sabemos que los intereses son los que van determinando el Derecho aplicable al caso, esto tiene que ver con la pretensión del caso. Lo que debemos de hacer a lo largo del proceso argumentativo es lograr una validez argumentativa.

En el ejemplo anterior, el hecho es que una persona vive en una colonia X y quiere probar que ahí viven 30 millones de personas, está haciendo una serie de información, sobre todo su *backing*, dándonos la información sobre que el 99% de las construcciones son rascacielos de más de 50 pisos. La persona nos está dando información que puede ser plausible o accesible de que esos 30 millones de habitantes se logren porque no sabemos la densidad, no sabemos qué tan grande es la colonia, pero hay una garantía que demuestra que es la colonia más densamente poblada de todo el país. Existen elementos que lo hacen razonable.

II. CONTINUACIÓN DE BREVE ANÁLISIS DE LOS ELEMENTOS DEL CASO MININUMA

Lo razonable de una pretensión estará determinado en la manera que se establece una correlación entre cada uno de sus elementos para que, de manera necesaria y consecuente lleguen a probar la pretensión con todos sus elementos. La pretensión dentro del caso Mininuma es "proveer todo lo necesario para otorgar una unidad médica con personal capacitado y un cuadro básico de medicamentos"[39], sin embargo, eso no se menciona en el caso, ¿qué hizo la autoridad en el amparo? Señala por qué se negó a desechar el recurso, ya que como no se dieron las instancias correctas, este enfoque fue el más evidente.

Existen elementos calificativos que es necesario conocer:

> Finalmente, la calidad es un requisito no solamente de la existencia misma del sistema comprendido globalmente (dado que no sirve de nada un sistema sanitario que opera en pésimas condiciones de calidad, lo que puede llevar incluso no a la protección de la salud, sino a su empeoramiento), sino también de igualdad entre

---

39 *Ibidem*, p. 1.

> quienes acceden a los servicios públicos de salud y de quienes lo hacen en servicios privados.[40]

El *claim* establece que *hay una negativa de trato a la protección de los derechos de salud de manera infundada del desechamiento de recurso.* La autoridad analizó todo el Derecho aplicable para hacer razonable que se desechara el recurso, ya que la autoridad no tenía las condiciones y no tenía plena personalidad para conocer.

La parte en que se construye este caso por la autoridad jurisdiccional, es que se desecha el recurso por *x* razones, pero nunca se dice cómo se generó el agravio en la protección a la salud. Todo el Derecho que se aplicó en el caso fue para demostrar que la autoridad hizo su deber.

Este caso tiene varias características muy interesantes. Fue el primer caso donde se determinó interés legítimo más allá de que existan personas agraviadas, un tercero interpone ese amparo para buscar proteger a quienes se les generó un agravio. Segunda cosa, el principio de la relatividad de las sentencias se rompe, es decir, cuando sólo le debería aplicar a las personas agraviadas, se decide que se debe aplicar para toda la comunidad. Es de los primeros que empieza a aplicar la convencionalidad antes de su establecimiento en la Constitución.

Hay que darnos cuenta cómo de manera *mañosa,* tienen una parte que reconoce la protección a la salud dentro del amparo, pero la resolución es otra. Señala que debe ser accesible, disponible y que se trata de personas en una situación de vulnerabilidad, entonces, ¿cómo se hace ese salto lógico?[41]

Nunca se intenta decir si proveyeron o no, sólo hablaron de si era posible la disponibilidad. Ahí es cuando ustedes en su criterio jurídico, hay que observar hacia donde se va el caso y hacia dónde posiblemente se va a resolver. La carencia del caso Mininuma fue que la categoría que querían probar era tan amplia que no supieron reducirlo y garantizar los derechos. Se tienen derechos de protección a la salud, se negó una

---

[40] *Ibidem,* p. 15.

[41] *Ibidem,* p. 55.

unidad médica de atención, ahí hay un salto de información profundo. Esa carencia argumentativa tuvo que ser subsanada por la Suprema Corte de Justicia de la Nación. Finalmente, el caso culmina con la siguiente resolución:

> PRIMERO. La justicia de la unión NO AMPARA NI PROTEGE a DAVID MONTEALEGRE HERNÁNDEZ, NIEVES SOLANO MONTEALEGRE, AURELIA VITERNO MORENO, AMALIA AGUILAR PAUSANO Y MARCELINA ROJAS ÁLVAREZ, contra el acto reclamado al Gobernador Constitucional y Secretario de Salud, ambos del estado de Guerrero, consistente en lo determinado en el oficio 0751, de dieciséis de octubre de dos mil siete; atento a los razonamientos vertidos en el cuarto considerando de esta sentencia.
>
> SEGUNDO. Para los efectos precisados en la parte final del quinto considerando de este pronunciamiento, la justicia de la unión AMPARA Y PROTEGE a DAVID MONTEALEGRE HERNÁNDEZ, NIEVES SOLANO MONTEALEGRE, AURELIA VITERNO MORENO, AMALIA AGUILAR PAUSANO Y MARCELINA ROJAS ÁLVAREZ, contra el acto que reclaman al Gobernador Constitucional, Secretario de Salud, Subsecretario de Coordinación Sectorial de la Secretaria de Salud, residentes en esta ciudad y jefe de la Jurisdicción Sanitaria, Región Montaña, residente en Tlapa, Guerrero, consistente en la negativa de acceso a la salud (violación directa al párrafo tercero del precepto 4° de la Ley Fundamental del País), para los efectos precisados en la parte final del considerando quinto de esta resolución.
>
> TERCERO. Se tiene a los quejosos implícitamente conformes con que se incluyan sus nombres y datos personales en la publicación de la presente sentencia.[42]

A criterio personal, hubiera tomado la vía especifica de la negativa de trato y no discriminación, porque se hace una discriminación *de facto* en comunidades que son menores a 2,500 personas. Si se reconoce que a nadie se le va a discriminar por esa condición habría entonces la opción de instalar una unidad móvil que vigile a todas esas comunidades.

---

42 *Ibidem*, p. 58.

CLASE 15. *REFUTACIONES*

SUMARIO: *I. Introducción a las refutaciones; II. Definición de refutación; III. Ejemplos de refutación; IV. Tipos de refutaciones.*

I. INTRODUCCIÓN A LAS REFUTACIONES

Las refutaciones, como parte de la argumentación jurídica y sobre todo de la argumentación práctica, deben de ser consideradas en todo momento. La argumentación no se da en abstracto siempre se da en un escenario pragmático, donde nuestra pretensión siempre buscará ser refutada o contradicha.

II. DEFINICIÓN DE REFUTACIÓN

Las refutaciones son habilidades mentales bajo las cuales podemos: 1) evaluar los argumentos, si decimos que *S es P*, entonces *S debe probarse con P*; 2) tiene que estar relacionado con el tema de justificar la pretensión; 3) validar mediante el proceso argumentativo una posición; y 4) probar hechos o causalidades.

La refutación en gran medida es, los escenarios en los cuales se va a presentar una pretensión. Cuando nosotros tenemos un tema controversial como lo es una pretensión en un caso, normalmente la contraparte buscará invalidar o demostrar sus insuficiencias para hacer válida la propia.

III. EJEMPLOS DE REFUTACIÓN

Pondré un ejemplo, la pretensión es *mayoritariamente los estudiantes utilizan MacBook porque es un mejor dispositivo que otros en el mercado*, ¿qué razones podrían dar para justificar esta argumentación?

A: buen sistema operativo, accesibilidad, portabilidad…
P: ¿Y qué contras se podrían dar para esa argumentación?
A: Precio, accesibilidad de aplicaciones, almacenamiento, mantenimiento…

Entonces, ¿todos los puntos negativos nos darían el resultado de que mayoritariamente los alumnos utilizan MacBook? No, el error en la pretensión es el *todos* ¿Es posible que con las mismas refutaciones y con un cambio en la pretensión, es decir, *mayoritariamente los estudiantes prefieren utilizar MacBook porque con ella se estudia mejor*, es más fácil probarla? Sí, porque se está siendo más específico y claro, tratamos de adaptar los calificadores para que las razones que se están dando puedan sustentar y enfrentar esas refutaciones.

Debemos rescatar que las refutaciones son escenarios bajo los cuales la refutación se puede caer, en el ejemplo de la MacBook es muy evidente: es cara, tiene un sistema complicado… pero si queremos probar que los estudiantes mejoran su rendimiento a través del uso de este dispositivo electrónico, tenemos mayores posibilidades, ya que es factible decir que su sistema operativo está pensado para estudiantes.

IV. TIPOS DE REFUTACIONES

Se pueden reconocer los siguientes tipos de refutación:

a) La que apunta a las tesis, demostrando su falsedad o el error en el encadenamiento propuesto.

b) La que se centra en la demostración, intentando exponer que la tesis contraria no deriva ni posee conexión lógica con los argumentos presentados.

c) La que descalifica los argumentos refutándolos y poniendo de manifiesto su falta de fundamento y error en la conclusión.

d) La que se desprende de los posibles argumentos del adversario, recurriendo a eventuales consecuencias que pueden derivarse de las afirmaciones de la parte contraria.

Esto tiene relación con hechos o evidencias, aquí el razonamiento probatorio tiene una parte fundamental en la argumentación jurídica. Pondré un ejemplo: tenemos un peritaje en materia de balística que prueba que la pistola con la que se cometió X delito fue disparada en el momento y en el hecho que se determina, ¿si alguien es imputado por el delito de homicidio y hay un peritaje que dice que, sí se disparó la pistola en un tiempo y lugar determinado, ¿qué podríamos concluir?

A: No sabemos si el medio para cometer el delito fue el arma

Eso es parte del razonamiento probatorio. El caso Mininuma es un gran ejemplo, este destruye y demuestra las consecuencias bajo los argumentos que presentan a los cuales nos derivarían.

Estos cuatro modelos son habilidades mentales que se deben pugnar. Por ejemplo, en materia Civil tiene que ver con demostrar el error, en materia Penal es aplicable la refutación número dos. La refutación sobre derechos fundamentales tiene relación con el cuarto modelo, porque intenta demostrar cuáles son las consecuencias de que las cosas sigan igual. La primera refutación tiene una estrecha relación con el cumplimiento de obligaciones.

CLASE 16.
ROBERT ALEXY

SUMARIO: *I. Introducción al modelo de Robert Alexy; II. Robert Alexy y Gustav Radbruch; III. Naturaleza del Derecho para Robert Alexy; IV. La indeterminación del Derecho para Robert Alexy; V. Reglas para la emisión de todo discurso;*

I. INTRODUCCIÓN AL MODELO DE ROBERT ALEXY

Es momento de poner *sobre la mesa* el tema de Robert Alexy, que está íntimamente relacionado con una teoría diferente a la de Toulmin. El texto principal de Alexy llamado *Teoría de la argumentación jurídica* retoma gran parte del modelo de Toulmin, así como del modelo de Michel Peleerman.

Algo que debemos reflexionar sobre este modelo, el de Robert Alexy, es que no es un modelo para las y los operadores del sistema, sino que está hecho para el juzgador, para que pueda ser tomada la mejor decisión sobre el derecho. Pero para poder entender el modelo de Alexy, es necesario saber desde dónde nos habla y cuál es su propuesta teórica, porque si no lo estaríamos descontextualizando.

II. ROBERT ALEXY Y GUSTAV RADBRUCH

Alexy tiene una consideración muy importante sobre un filósofo de mediados del siglo XX de los alemanes, quién de hecho era un positivista a ultranza. La anécdota es que muere el hijo de Gustav Radbruch a manos de los nazis durante la Primera Guerra Mundial, lo cual lo vuelve más un naturalista. La fórmula que nosotros vamos a trabajar con Alexy, viene de esta filosofía de Gustav Radbruch, que de hecho se llama *Sobre la Filosofía del Derecho,* es una cosa maravillosa que les permitirá a ustedes ahondar en sus clases. Hay una frase en particular que dice *sólo cuando el Derecho es extremadamente injusto, pierde su validez, si resulta esto compatible con la naturaleza misma del Derecho*

III. NATURALEZA DEL DERECHO PARA ROBERT ALEXY

¿Cuál es la naturaleza misma del Derecho para Robert Alexy? Parte de dos premisas, la naturaleza de todo derecho tiene su pretensión en la coercitividad, todo el Derecho es coercitivo, todo. Y segundo, en su pretensión de corrección, no política ni moral, sino su pretensión en la sistematicidad del Derecho, es decir, cuando nosotros estamos ante un vacío o un conflicto de normas, las mismas normas nos dicen cómo solucionarlo, nos dice cómo se construyen las autoridades, es más, una norma crea otra norma. Como una norma constitucional dice que se establece un constituyente permanente para hacer otro tipo de normas; en términos incluso de biología es una actividad *autopoiética*, es decir, una norma crea otra norma.

¿Pero por qué Alexy considera la fórmula de Radbruch tan importante? Porque en el modelo en qué se inscribe el análisis de Robert Alexy en primera instancia como estudioso y después como juzgador, es la reconstrucción de un mundo excluyente de cualquier condición de moral ya no estaba funcionando, y no funcionaba bajo la idea de los Derechos Humanos, porque ese contenido de moral que tienen esos derechos sobre la dignidad humana, sobre cómo tutelar bienes jurídicos, que no necesariamente tienen una implicación práctica, se volvió difuso. Los centinelas del muro de Berlín es la antesala de la tesis doctoral de Robert Alexy, de esta teoría de la argumentación, y la empieza con este caso paradigmático a construir su modelo de argumentación importante para el modelo constitucional alemán y que tiene una gran influencia por la relación que tenemos con el *civil law* en la tradición románico germánica canónica.

Ahora, para Alexy, el Derecho está construido por normas y sistemas, por una condición real y fáctica, y está condición, más allá de la condición ideal, presupone cuatro cosas en esta condición real y fáctica sobre problemas: 1) aunque el Derecho esté construido por normas, no dejan de ser vagas; 2) las normas nos pueden llevar a conflicto con otras; 3) que existan hechos no regulados y 4) que no existan normas para solucionar un caso (de todos, éste es el más preocupante: cuando no hay ningún

Derecho aplicable para solucionar la vulneración o el agravio a un bien jurídico).

IV. LA INDETERMINACIÓN DEL DERECHO PARA ROBERT ALEXY

La indeterminación de ese Derecho, lo va a tener que solventar el juez, porque va a ser el único capaz de solventar ese problema de indeterminación, y esa indeterminación también existe porque la jurisprudencia está limitada. La jurisprudencia como actividad sapiencial de las altas cortes o tribunales también está restringida por la opinión personal de los jueces y el caso específico que resuelven.

Plantea Alexy, ¿cómo vamos a resolver el problema?, para lo que afirma en su teoría de la argumentación jurídica: *la pretensión de corrección se plantea en los discursos jurídicos bajo la idea de un discurso general, pero más allá de que una sentencia sea racional, solo el contexto de un ordenamiento jurídico vigente puede hacer racionalmente fundamentado.* Ello significa que lo que hay que aclarar es el marco teórico del discurso jurídico. La exigencia de fundamentación y pretensión de corrección determina cómo los jueces están obligados a fundamentar sus decisiones.

La exigen de fundamentación y pretensión de corrección está determinada por la obligación de los jueces a fundamentar sus decisiones, y esto nos lleva a un punto muy importante para la práctica actual. Para que un juez pueda tomar una decisión, necesita justificar, fundamentar su decisión de manera racional en una sentencia, no basta con que señale una norma, los hechos y aplique determinada sanción. Es en cómo construyen sus decisiones donde se encuentra la base de la fundamentación de la argumentación jurídica, pero cuidado, porque para él sí hay un contenido de moralidad dentro del Derecho aunque sí haya esta pretensión de corrección y de coercitividad.

Primero, porque el Derecho tiene una íntima relación con la moral, pero para Alexy no existen principios en el Derecho sino mandatos de optimización, porque si están positivados en el texto constitucional son un mandato, no para nosotros como gobernados, sino para los gobernantes. Ahí es donde la argumentación tiene una labor sustantiva en el juez y no es fácil, porque cuando nos metamos de fondo al tema de ponderación, determinar qué es lo óptimo en la aplicación de un derecho, será el *quid* en este modelo de argumentación. Particularmente más que el Derecho como estructura y funcionamiento está basado sobre esta justificación interna que bien puede ser resuelto por el Derecho mismo. Así, su interpretación sistemática, histórica, por sus motivos, si no sabemos con claridad cómo resolverlo puede entrar en juego la jurisprudencia o los antecedentes y podemos resolver la ponderación.

Aún así, para Alexy hay casos especiales que requieren especial atención y cuidado, cuando no hay Derecho aplicable. Para quienes vivimos en la era de los Derechos Humanos, pues hay derechos que aunque el artículo primero señale que todas las autoridades en el ámbito de sus competencias están obligadas a tutelar, muchísimos de ellos están difuminados en todo el ordenamiento, lo que vuelve difícil hacerlos óptimos, vinculantes y más importante aún: lograr su justiciabilidad.

Voy a poner un ejemplo: ¿por qué decidimos dejar en un grado mayor el derecho a decidir sobre el propio cuerpo y dejar en un grado menor la potencialidad de la vida? Más allá de que una vida valga más que la otra, es injusto que se le cuarte la capacidad de decidir sobre la propia vida, es extremadamente más injusto que prohibir una conducta más allá de decidir sobre la libre autodeterminación. No es una decisión fácil y tiene una justificación externa de moralidad.

¿De dónde surge la visión de Robert Alexy? El estudio con nada menos que el filósofo más importante del siglo XX, Jürgen Habernas. Habermas tiene un enorme aparato conceptual, pero su discusión es que después de los horrores de la Segunda Guerra Mundial y sobre todo de las vivencias en Auschwitz, ¿cómo regulamos la esfera de lo público? A todos les enseñaron a Rousseau, a Montesquieu, a Hobbes, pero Hitler los pasó por completo desapercibidos.

¿Qué el hombre es malo por naturaleza? Se cumplió: llevar a seis millones de personas a su desaparición, sumado a los campos de concentración en donde tenían escasos derechos. Entonces tenían dos opciones: convertirse en instrumentos para la guerra o adoptar un grado de conciencia infrahumana ¿El bien común y el contrato social dónde están?, ¿dónde quedaron? El mundo de la Segunda Guerra Mundial fue destruido, los filósofos dicen *vamos a rescatar un asunto, y es la esfera de lo público.* A su vez, lo público es construido a través de un modelo de ética, y ésta debe ser discursiva, es decir, es construida a través de cómo hablamos y expresamos las cosas, por eso los actos de habla son tan importantes para Habermas. Es a través de cómo hablamos y argumentamos que vamos a construir lo correcto y lo público. Por eso sus principios son los Derechos Humanos, democracia y libertad.

Es el giro copernicano: *el Estado no te otorga nada, te lo reconoce* porque ya son tuyos, porque en el otorgamiento hay una facultad autoritaria de decir *yo que tengo el poder del estado puedo o no puedo dártelo,* pero en esa manera de *reconocemos* y no *otorgamos* se construye la ética discursiva. De hecho, el feminismo de tercera y cuarta ola entiende esto, ya no se habla de *la mujer,* sino de *las mujeres,* porque no hay una única manera de entender a la mujer, sino que las mujeres en su diversidad: afrodescendientes, latinas, norteamericanas, europeas, etc., muestran una manera de construir lo público.

Al afirmar esto, tiene sentido que para el Derecho también así funcione, y esa reflexión del discurso nos lleva a construir un tipo de verdad. Por eso es tan peligroso desde el Derecho esta negación de *son los conservadores los que promueven los Derechos Humanos.* Desde el púlpito presidencial, no se puede hacer eso, es profundamente peligroso, altamente totalitario, y estos *conservadores,* son personas que nos recuerdan a través del discurso a dónde llegamos. La llegada de Adolf Hitler a canciller fue aplaudida por el pueblo alemán, no hay que olvidar eso.

¿Lo que vivimos hoy nosotros con la prisión preventiva oficiosa, en un país donde de manera facciosa no ha sido acaso un instrumento de poder político? Desde el constituyente de 1916, Cándido Aguilar asume la presidencia del mismo y lo primero que tuvo que hacer fue declarar la amnistía, porque casi el 50% de los constituyentes tenía acusaciones de delitos de guerra, puesto que venían de la Revolución. Habían matado y asesinado a diferentes facciones liberales, conservadoras constituyentes. Una gran parte de esa ala conservadora eran de Victoriano Huerta. Es un asunto serio donde todos, de esa manera facciosa querían negar el derecho de ser representados en el constituyente. Por eso la prisión preventiva oficiosa en México no debe existir, el régimen hegemónico lo ocupó a diestra y siniestra. El último libro de José Ramón Cossío, *Que nunca se sepa* habla de cómo una persona intentó matar a Díaz Ordaz, le dispara al máximo general de su guardia, procede la prisión preventiva oficiosa y lo acaban encerrando en el hospital de San Fernandino, declarándolo loco e incapaz. Esa persona acabó en las calles en el año 2013, con la posterior censura del Estado respecto de toda su historia. Ese es el Derecho Positivo, la visión autoritaria.

¿Qué quedaría del Derecho si no fuera coercitivo?, ¿cómo hacemos valer el peso de los agravios y la coercitividad? Sería pura moralidad, por eso la moralidad no es para Robert Alexy, ni para los filósofos alemanes una reflexión de que construimos esto para formar comunidad, no para ser individuos. En la comunidad, la manera en que yo te garantizo la individualidad es que los individuos pueden organizarse de manera colectiva, y los Derechos Humanos también parten de esa idea. Por eso, está precondición del discurso, de la ética discursiva nos lleva a qué tenemos que hacer ante el exceso de discrecionalidad que tiene un juzgador. Pero el asunto no acaba aquí, porque para que pueda existir un discurso y pueda empezar la fundamentación, deben existir reglas previas a la emisión de todo discurso que debemos completar.

V. REGLAS PARA LA EMISIÓN DE TODO DISCURSO

La primera regla es de hablarle al auditorio como si fuera un auditorio universal. La segunda regla, haciendo distinción entre el discurso general y después el discurso general fáctico, es la regla de la sinceridad, todo lo que emite una persona se considera como cierto. Tercera regla: de no contradicción o identidad, que lo que yo expreso tenga una coherencia. Cuarta: la de la fundamentación, dar las razones por las cuales digo o afirmo algo. Y la más importante, la cinco: la fundamentación, es tan importante justificar porque es aquí donde logramos entender la pretensión o la veracidad del discurso.

Esto parecería una clase de argumentación y no una clase de argumentación jurídica, entonces pongamos un ejemplo. La primera regla de hablar con un discurso universal: *yo tenía cien millones de pesos, usted me dice que tiene un modelo de rendimiento muy interesante y que si le doy ese dinero en tránsito de un año se va a pagar para construir un hotel, primero rendimientos y luego el pago.*

Vamos a la regla de la sinceridad: la persona que presta el dinero pretende que se le restituya el dinero, cuando menos los cien millones de pesos. La sinceridad es que dio el dinero y lo que busca es que se le restituya ese daño. Las razones, que todos tenemos derecho a disfrutar de nuestro patrimonio y que se nos restituya un daño. Y la parte de la justificación es que está persona me generó un agravio por la mala fe: no hay hotel, ni cien millones. Algo así funciona para Robert Alexy.

La parte de la no contradicción involucra que de hecho sean míos los cien millones y que no me esté extrapolando en ese sentido, porque la regla de la sinceridad y de la no contradicción van unidas.

Ahora, la pregunta que les voy a plantear es difícil de contestar porque también en su vida diaria les va a suceder ¿Qué decidir cuando no hay opciones? Esto nos lleva a un problema, porque para Robert Alexy en estos casos especiales, muchos de esos mismos casos, la única manera de sustentarlos es con el Derecho. Si habláramos sobre estética, sobre belleza, podríamos argumentar cualquier cosa. Pero los casos especiales están determinados por el Derecho cuando a su vez éste es indeterminado.

Por ejemplo, la norma en materia de aborto sólo se puede poner en práctica en casos de *eugenesia*, que ponga en peligro la vida de la madre y por violación. Eso dice la norma, ¿de dónde sacamos el derecho de autodeterminación de las personas? Porque eso nos lleva al elemento fundamental de la teoría de la argumentación de Robert Alexy, una justificación externa nos tiene que llevar a la justificación en el Derecho, y esa es la parte de la justificación que vuelve vinculante la moral. Un buen ejemplo son los temas relacionados con género, cuando de manera ordinaria las miradas lascivas no generaban un daño, pero para nosotros ya es diferente el asunto. Positivizamos que es abuso sexual un tipo de mirada con contenido sexual ¿Cómo hacen vinculante la transformación cultural para darle validez a la norma?

¿En el caso de las mujeres, por qué fue paradigmática la controversia constitucional del 2008? Porque reconoce por primera vez que las mujeres son libres de autodeterminarse, cuando antes hasta en el Código Penal no podían hacer ningún acto sin el consentimiento del marido. Fíjense cuántos elementos de construcción social deben ser vinculantes para el Derecho, ¿cuándo íbamos a pensar que podíamos recrearnos de manera lúdica con una sustancia derivada de la droga? Más allá de la moralidad, pero es un contenido derivado de ella, la ley general de salud consideraba cualquier derivado de los cannabinoides como una droga. Si ahora se utiliza para que una persona con Asperger o autismo, puede permitirse para garantizarle un mayor acceso a la salud.

Para los que son mercantilistas, se considera usura conceder un impuesto más allá del 15%, y esa usura, ¿puede ser considerada poner en condición de esclavitud a la persona? La SCJN dice que sí, porque se vuelve impagable ¿Cuántos paradigmas jurídicos se interpretaron? Y los que faltan. Robert Alexy se enfrentó a uno de ellos particularmente.

El Derecho es dinámico, no siempre es el mismo, debe transformarse conforme a las necesidades de la sociedad. Sin embargo, ese dinamismo no implica la posición extrema de que sólo los antecedentes o la acción consuetudinaria van a construir el Derecho, porque para nosotros no es así en tanto que hay un principio de certidumbre el cual Robert Alexy no está rompiendo, y que busca que cualquier injusticia extrema pierda validez y deje de ser Derecho.

La pretensión de codificar todo es una renuncia a la actividad sapiencial del Derecho ¿Qué es lo que hizo Napoleón cuando sistematizó aquello que no sabía si estaba bien o mal? Sólo sistematizo lo que ya se hacía. La positivización del Derecho no necesariamente lo vuelve mejor.

CLASE 17.
INFERENCIAS

SUMARIO: *I. Definición de inferencia; II. Inferencias fácticas; III. Hipótesis y escenarios; IV. Reglas para usar el método de hipótesis y escenarios.*

I. DEFINICIÓN DE INFERENCIA

La definición que tenemos sobre *inferencia* es la que está íntimamente relacionada con cómo hacemos un paso de información a otra a través de un proceso. Ahora, sobre inferencias fácticas, el elemento fáctico consiste en los hechos, pero la parte interesante tiene que ver que aquí existe un nexo de causalidad entre estos hechos.

II. INFERENCIAS FÁCTICAS

Lo que tratamos de hacer con las inferencias fácticas es correlacionar los hechos con los cuales tenemos evidencias para construir hipótesis o escenarios ¿Por qué es importante para el Derecho la construcción de hipótesis o escenarios? Porque normalmente lo único que tenemos son líneas cronológicas que posiblemente nos lleven a resultados diferentes.

III. HIPÓTESIS Y ESCENARIOS

Por ejemplo, pensemos que tenemos evidencia de que Pedro Demandante entra en la tienda, en el mismo lugar tenemos la hipótesis de que Quique *el Sucio* es un criminal que va de mal humor. Tenemos la hipótesis de que Quique *el Sucio* tiene una plática con Pedro Demandante que le enfurece, lo que nos lleva a la evidencia de que se dispara una pistola.

Tenemos la hipótesis de que Quique *el Sucio* le disparó a Pedro Demandante, tenemos evidencia de que una bala golpea a Pedro Demandante quien cae inconsciente. Tenemos la hipótesis de que Quique *el Sucio* huye de la escena del crimen.

La construcción de hipótesis o escenarios nos permite generar nexos de causalidad entre los hechos para llegar a conjeturas o inferencias fácticas, a las cuales les podemos dar un valor y una pretensión. Estas construcciones son importantes, ya que nunca vamos a poder reconstruir en la misma medida lo que pasó, únicamente podemos probar ciertas cosas, pero el móvil o las probabilidades nos llevan a construir esa concatenación de hechos

IV. REGLAS PARA USAR EL MÉTODO DE HIPÓTESIS Y ESCENARIOS

1. Solo las hipótesis pueden ser construidas de manera cronológica.
2. No podemos hacer hipótesis sobre escenarios que sí se pueden probar.
3. No debemos hacer más hipótesis que hechos que tengamos a disposición.

Este método es preponderantemente usado en los Estados Unidos en las audiencias de juicio oral, porque son la correlación de hechos e hipótesis, las cuales, sí se encuentran conectadas de manera lógica, pueden influir en el jurado para determinar si hay o no culpabilidad. En nuestro método es distinto, porque la tasación de la prueba o la valoración de los hechos recae en el juez.

CLASE 18.
ANÁLISIS DEL CASO DE LOS CENTINELAS DEL MURO DE BERLÍN[43]

Sumario: I. Derecho aplicable; II. Hechos relevantes al caso; III. Consideraciones respecto al caso de los centinelas del Muro de Berlín; IV. Bibliografía.

I. DERECHO APLICABLE

La estructura del Derecho alemán tiene una transformación muy importante desde 1967 hasta 1994. Históricamente, ¿qué sucede en Alemania en estas fechas? Se encuentra dividida por el tratado de Versalles, las potencias aliadas dividen a Alemania para que no vuelva a unificarse y por los ejes políticos importantes que representaban.

Este Derecho sufre grandes transformaciones. Primero, la transformación del régimen nazi a un régimen dividido, y del régimen dividido a la república. En este contexto, el elemento de lo jurídico se transforma y por ello el caso de los Centinelas del Muro de Berlín tiene elementos muy importantes.

¿Por qué impedir la fuga en el caso de los Centinelas de Berlín fue motivo de premiación?, ¿cuál es el Derecho aplicable al caso? Bien, debemos tener claro que el Código Penal de la República Democrática Alemana (RDA) es el que genera la controversia, sin embargo, el Derecho aplicable es el Reglamento de Servicio 30/10 del Ministerio para la Defensa Na-

---

43 Para este apartado, se les solicitó a los alumnos que leyeran el Caso de los Centinelas del Muro de Berlín; a partir de su lectura es que se desarrollan las clases posteriores.

cional del año 1967, en el cual se señala que quienes tienen a su cargo la vigilancia de la línea fronteriza no pueden permitir que nadie la atraviese, garantizando en todo momento su protección. Esta disposición emplea el término *abatir*, por lo que se entiende que los Centinelas estaban facultados para derribar o asesinar.[44]

II. HECHOS RELEVANTES AL CASO

En este sentido, también es importante resaltar algunos hechos relevantes:

1. El caso versa sobre dos soldados, quienes se encargaban de la protección de la línea fronteriza bajo el reglamento anteriormente citado.
2. El hecho ocurre en la noche del 14 al 15 de febrero del año 1972, entre la orilla del Reichstag y la Rudower Chausse.
3. Sobre las 22:30 horas, un hombre de 29 años decide saltar al río con el fin de cruzar hasta la orilla de Kreuzberg y permanecer en la zona occidental de la ciudad.
4. Los soldados le señalan que se detenga, y frente a la omisión de la instrucción, abren fuego a una distancia aproximada de 40 metros.
5. Sus armas (ametralladoras) se encontraban en *fuego continuo*. Uno de los soldados (quien presentó un amparo) presionó tres veces del gatillo, mientras que el otro lo presionó dos. Cada uno descarga dos disparos por ráfaga.
6. Ambos realizaron *tiro de cadera*, es decir, sin apuntar.

---

44 Alexy, Robert, *Derecho injusto, retroactividad y principio de legalidad penal: La doctrina del Tribunal Constitucional Federal alemán sobre los homicidios cometidos por los centinelas del Muro de Berlín*, Universidad de Kiel, p. 199, [en línea], < https://www.cervantesvirtual.com/obra/derecho-injusto-retroactividad-y-principio-de-legalidad-penal—la-doctrina-del-tribunal-constitucional-federal-alemn-sobre-los-homicidios-cometidos-por-los-centinelas-del-muro-de-berln-0/>, [consulta: septiembre, 2023].

7. El hombre de 29 años murió por un disparo en la cabeza que provocó que se ahogara.
8. No se sabe de quién fue la bala que asesinó al hombre.

Hasta el momento, ¿qué puede observarse de la disposición?

A: Que pone por encima la protección de la frontera.

A: Que la protección de la frontera es más valiosa que la vida misma.

En este sentido, podríamos asumir que el máximo bien jurídico tutelado es la protección de la frontera y la seguridad nacional por encima de la vida. Esto extraído de la disposición, que tiene como cualificador *bajo cualquier circunstancia*, y señalando dos maneras de proteger la frontera: detener provisionalmente o abatir.

III. CONSIDERACIONES RESPECTO AL CASO DE LOS CENTINELAS DEL MURO DE BERLÍN

¿En un Estado de Derecho, previo al Estado Constitucional, es razonable quitarle la vida a cualquier persona sólo porque hay un bien jurídico ulterior como la Seguridad Nacional? Para el caso en concreto, la facultad estaba dispuesta en la legislación. Además, el tipo de disparo es relevante porque los soldados tienen un tipo de entrenamiento especial, por lo que, de su manera de disparar se determina una relación causal entre la intención y el disparo.

Posteriormente, en la reunión de tropa, en el cambio de turno, ellos informan del hecho, y el superior les premia con 150 marcos, signo de una distinción por su actuar. Sin embargo, *los cesan* (quitan) de la tropa, pero ¿por qué razón?

A: Pienso que una posibilidad es que, como notificaron a la viuda que la muerte había sido causada por un suicidio, cuatro semanas después, intentaron deslindarse de responsabilidades.

A: Yo creo que es porque la acción no estaba justificada, y ellos estaban conscientes. Por ello los premian, es decir, pienso que el Estado de Derecho señalaba que protegieran la frontera, pero no todas sus actuaciones estaban justificadas, y por ello son cesados, pero al mismo tiempo son premiados.

Después de 1967, llega una modificación a la parte introductoria del Código Penal. Esta parte señala que la muerte de un fugitivo puede considerarse penalmente castigable únicamente cuando dicha muerte fuera punible de acuerdo con el Derecho vigente. Antes de cualquier cosa, Robert Alexy pretende resolver el tema del proceso y la estructura jurídica. Primero: la disposición 893010, señala la posibilidad de abatir fugitivos. Segundo: la disposición que dice que la muerte de un fugitivo puede considerarse penalmente castigable únicamente cuando dicha muerte fuera punible.

Algunos de los principios que debería seguir la legislación militar son: proteger a la nación, guardar la seguridad nacional, principio de obediencia, principio de jerarquía y el cumplimiento de su deber. De acuerdo con el Derecho vigente de la RDA, no se plantearía la cuestión de la retroactividad pues un guardia fronterizo había cometido un hecho punible de acuerdo con esto. Tampoco aparecería el problema del Derecho vigente injusto, pues el Derecho positivo de la RDA habría prohibido la muerte en la frontera y no habría sido por lo tanto un Derecho injusto.[45]

Lo anterior quiere decir que, aunque era Derecho positivo, era extremadamente injusto, y que los propios mecanismos bajo los cuales podríamos interpretar esa disposición normativa inaplicada o hacerla inválida no se activan debido a que existen otros principios que hacen posible esa disposición, de ahí surge el tema de la retroactividad.

Pese a que el Derecho positivo de aquel momento era extremadamente injusto, no podría aplicarse la retroactividad porque de igual manera sería injusto. No podría invalidarse tampoco una norma respecto de otra, no ocurre así de sencillo. Las interpretaciones que surgen de este caso son extremadamente sensibles, pues *ningún fin justifica los medios,* ni *ningún medio justifica el fin.*

Lo primero que trata de representar Robert Alexy es que la estructura tradicional del Derecho es insuficiente para resolver este caso ¿Qué tipo de interpretación podría resolver este tema?, ¿cómo se justifica la aplicación de la retroactividad en perjuicio a una persona? Todo esto nos llevaría a problemas de validez normativa. Existe un modelo que se llama

---

45 *Ibidem,* p. 201.

modelo principialista, de acuerdo con el que existen dos principios en colisión: el de retroactividad de la norma y la aplicación del Derecho positivo vigente siendo completamente legales.

Los principios no se rigen sin excepción y pueden entrar en oposición o contradicción, no contienen una pretensión de exclusividad, sólo despliegan su contenido significativo propio en un juego conjunto complemento y limitación recíprocos. Necesitan un contenido material independiente para su realización a través de principios subordinados y valoraciones particulares. Las colisiones entre principios deben resolverse mediante la ponderación en el caso en concreto, no obstante, no se debe olvidar que como consecuencia de nuevos casos con nuevas características no se puede afirmar de manera general. Un caso especial se dibuja en la diferencia de grado de la aplicación de un principio por encima de otro, buscando la necesidad, la idoneidad y proporcionalidad.

Alexy señala que no podemos discutir los principios en abstracto. No podría haber algún debate respecto de si debe ponderarse el derecho a manifestarse o el derecho a transitar libremente, pues siempre existen vías alternas para transitar y evitar una manifestación.

IV. BIBLIOGRAFÍA

Alexy, Robert, *Derecho injusto, retroactividad y principio de legalidad penal: La doctrina del Tribunal Constitucional Federal alemán sobre los homicidios cometidos por los centinelas del Muro de Berlín*, Universidad de Kiel, p. 199, [en línea], < https://www.cervantesvirtual.com/obra/derecho-injusto-retroactividad-y-principio-de-legalidad-penal—la-doctrina-del-tribunal-constitucional-federal-alemn-sobre-los-homicidios-cometidos-por-los-centinelas-del-muro-de-berln-0/>, [consulta: septiembre, 2023].

CLASE 19.
LA FÓRMULA DE RADBRUCH

SUMARIO: *I. Introducción a la fórmula de Radbruch; II. Derecho y moral; III. Ponderación de principios.*

I. INTRODUCCIÓN A LA FÓRMULA DE RADBRUCH

Retomemos esto desde el señalamiento de Robert Alexy, respecto de que el Derecho extremadamente injusto no es Derecho. La correlación entre el Derecho escrito y los principios regidos por la Ética y la Moral surgen en la misma práctica que realizamos del Derecho. Aún cuando hay Derecho positivo que permite abatir a alguien, desde la moral más básica, no debe ser aplicada, o no debería ser así. Esto va en contra de los propios fines del Derecho.

En el actuar diario de la abogacía, la moral está intrínsecamente ahí ¿De qué manera puede argumentarse que lo mejor para un niño es quedarse con su mamá o su papá? Esa decisión también tiene un contenido moral, porque el lado económico no lo es todo, ¿cómo haremos posible que una persona biológicamente masculina se identifique como mujer, y que esto sea aceptado?

La parte preocupante es que existan disposiciones hoy violatorias de Derechos Humanos, por lo que debemos tener un modelo de racionalidad, un discurso que permita la inclusión de todos los elementos necesarios para no llegar a este punto.

II. DERECHO Y MORAL.

No puede ser aceptada cualquier tipo de moralidad, sino que debe ser amplificadora. El Derecho positivo es inválido cuando está en contradicción con los hechos materiales, por lo que la fórmula asigna cierto valor a los Derechos Humanos, los cuales se consideran universales.

Podría afirmarse que la Ciencia del Derecho hoy no tiene como único objetivo la descripción y sistematización de los ordenamientos jurídicos, ya que también busca justificar las decisiones jurídicas y explicar cómo deberían ser sostenidas, lugar en donde radica el tema de la ponderación de principios.

III. PONDERACIÓN DE PRINCIPIOS

La ponderación de principios busca dar una tutela real y efectiva a los derechos fundamentales, con el fin de determinar cuál debe prevalecer en un caso concreto y asignar una argumentación jurídica. Deben asignarse grados de aplicación, pues los Derechos Humanos no están determinados por su cumplimiento, no tienen que ver con su asignación, debe observarse el grado de cumplimiento o de afectación, es decir, no son absolutos.

No podríamos decir que uno es más valioso que otro, pero en un caso en concreto hay alguno que está siendo mayormente afectado o menormente tutelado.

CLASE 20. *LA FÓRMULA DEL PESO*

SUMARIO: *I. Introducción a la fórmula del peso; II. Modelo de ponderación; III. Rol de los jueces.*

I. INTRODUCCIÓN A LA FÓRMULA DEL PESO

Para poder llegar a la fórmula de peso primero hay que identificar un problema entre la afectación de un derecho frente a otro. Lo que tenemos que plantear es una barrera muy importante a la cual tenemos que hacerle frente, en el caso en concreto, no es posible que podamos generar la aplicación de ese principio sin generar un grado de afectación al otro. Por eso entran en colisión, es decir, uno genera un detrimento del otro, sin embargo, tenemos que escoger uno el cual brinde el mayor beneficio para todos.

Aunque en la fórmula del peso se diga que se debe hacer un análisis en abstracto, siempre tiene que ser en el caso concreto. En el caso de los centinelas del muro de Berlín, caeríamos en un falso dilema el creer que lo que está en juego la vida y no la aplicación de manera retroactiva de la norma frente a otro principio, ese principio es si fue proporcional la medida o acción para proteger la seguridad nacional. No debemos perder de vista que en el contexto de la Alemania dividida lo que se pone en disputa es el principio de retroactividad de la norma para aplicar un principio de un nuevo Derecho positivo vigente.

Lo que se está colisionando con el principio de retroactividad es negar la validez de las disposiciones normativas de la Alemania dividida. El Derecho positivo vigente de la República Democrática Alemana le da efecto retroactivo a todas las disposiciones de las Alemanias anteriores que, posiblemente son crímenes de guerra, y la preocupación más importante son sus efectos. Por eso la fórmula del peso también habla sobre efectos, es decir, si aplicamos la retroactividad en el caso en concreto en abstracto, ¿por qué en otros casos no lo haríamos?

Vamos a enfrentarnos a estos regímenes de amnistía, perdonaremos todos los tipos de crímenes de guerra o vamos a generar un tipo de punibilidad especifica a este tipo de crímenes. A la luz del resguardo de los Derechos Humanos no es posible que generemos disposiciones que no les den un efecto legal a dichas disposiciones que tanto en el Derecho positivo anterior como en el vigente tienen una fuerza vinculante.

Pensemos que en el caso en concreto es seguridad nacional *versus* libertad de tránsito ¿aún en pleno siglo XXI, cualquier persona puede atravesar la frontera sin ningún tipo de reconocimiento legal? De acuerdo con Robert Alexy, todo radica en un problema, que, aunque pueda parecer claro que tengamos que darle efectos retroactivos a dichas disposiciones, hay un problema dentro de la estructura del Derecho para hacerla válida y tiene que ver con que ese argumento sea vinculante para el Derecho.

II. MODELO DE PONDERACIÓN

El problema fundamental en el cual vamos a fincar la argumentación es que sea vinculante para el Derecho. Y es ahí donde Alexy presenta una fórmula que, con posterioridad sostendrá a su modelo de la teoría de la argumentación y se llama *el modelo de ponderación.*

$$\frac{\text{Principio A: Va x Ga x Ff}}{\text{Principio B: Va x Ga x Ff}}$$

En donde:

Va = Valor abstracto

Ga = Grado de afectación (leve, medio o grave)

Ff = Fiabilidad fáctica (plena, regular o nula)

El valor abstracto tiene que ver específicamente con el valor matemático que le vamos a dar a algo, del 1 al 4. Otro aspecto importante es el grado de afectación, debemos determinar si éste es leve, mediano o grave porque esto va a potencializar el valor abstracto. La fiabilidad fáctica, es determinar cómo a través de una afectación podemos restituir tal daño y de esa forma podemos determinar si la fiabilidad es plena, regular o nula.

La fiabilidad fáctica está íntimamente ligada con la posibilidad de hacer válida o determinar un criterio argumentativo. Aunque es una fórmula matemática, el principio A y el principio B determinarán las cargas argumentativas que deben de existir detrás para poder probar eso. El grado de afectación de la vida, en el caso de los centinelas, sería grave y la posibilidad de restituirlo sería nula.

III. ROL DE LOS JUECES

Lo peligroso sería que eso dejaría en un nivel inferior la posibilidad de defensa y también de algunos derechos o concesiones que tienen los centinelas en su ejercicio, esto no significa que sea absolutamente razonable. Robert Alexy establece que aun cuando los jueces tienen un rol importante, la parte fundamental de la fórmula del peso tiene que ver en cómo establecemos igualdad de condiciones. Aquí no vamos a restituir la vida, únicamente vamos a indemnizarla y estaríamos negando que los centinelas eran subordinados jerárquicos protegiendo la seguridad nacional y estaban el cumplimiento de su deber.

La argumentación de Robert Alexy tiene un problema en cuanto al grado de subjetividad que tiene para determinar el peso de cada uno de los principios, es altamente subjetivo, ¿cómo vamos a reducir ese grado de subjetividad? La fórmula del peso no se va a encontrar de manera abstracta en la Suprema Corte de Justicia de la Nación, sino que se va a encontrar una prueba de proporcionalidad. Robert Alexy apunta a que no todos los derechos están en el mismo grado de afectación y en la misma jerarquía, lo que nos puede llevar a múltiples debates.

CLASE 21.
FIGURAS RETÓRICAS

SUMARIO: *I. Estrategias retóricas; II. Búsqueda de falacias; III. Estrategias retóricas.*

I. ESTRATEGIAS RETÓRICAS;

Es fundamental no olvidar que la argumentación por sí misma tiene un peso, pero al igual que la ciencia, la argumentación también *se vuelve fría*. En este sentido la retórica puede revestir nuestro argumento para lograr su efectividad. No puede pensarse que la retórica y la argumentación son hermanas distanciadas, pues de manera natural la argumentación por sí misma no siempre ayuda a lograr los objetivos si no se tienen estrategias de persuasión.

Tener con claridad la manera de presentar la información lleva de manera consecuente a los resultados. Las estrategicas retóricas que vamos a aprender, consisten en cómo utilizar ciertas figuras en una audiencia. El uso de las estrategias retóricas es importante ya que, de manera ordinaria la sola argumentación no será suficiente o la argumentación por sí misma, sería como mostrar un número sin una interpretación. La argumentación en bruto necesita canales de comunicación, aproximación, ciertas medidas para que el juzgador pueda entender.

En las audiencias de juicios orales tenemos que usar ciertas figuras y estrategias para que puedan ser entendibles nuestros razonamientos o nuestras refutaciones y hacerlas valer, aunque la argumentación es un 80%, ese 20% le puede dar un *plus* al proceso argumentativo.

II. BÚSQUEDA DE FALACIAS

Los razonamientos o la búsqueda de las falacias deben de estar relacionadas con dos temas, *ambigüedad* y *atinencia.* Cuando queremos decir que un problema es ambiguo, buscamos aclarar el sentido de algo, cuando hablamos de un tema de atinencia se trata de saber si realmente estamos discutiendo determinado tema.

Cuando nosotros hacemos esta clasificación sobre la relación entre el tema de la atinencia y la ambigüedad, es ahí donde debemos determinar qué estrategia retórica utilizaremos.

III. ESTRATEGIAS RETÓRICAS

La analogía es una figura retórica que nos permite hacer comparaciones o utilizar diferentes estructuras para identificar elementos comunes entre dos objetos, elementos diferentes entre dos objetos o nos permite utilizar un objeto para ser el espejo del otro o también pueden decirnos que ambos objetos parten de la misma naturaleza.

En el mundo de lo jurídico, hay una parte que motiva y hay una parte de convencimiento, aunque la estructura dura es la lógica y aunque queramos ser profundamente duros en una audiencia en términos lógicos, el que decide es un sujeto contextuado, el puro argumento le puede parecer aburrido, la pregunta es ¿cómo llamar la atención?

Algo que no se debe perder de vista en una audiencia es que siempre se debe aceptar la mejor versión del argumento del adversario, porque podemos profundizar y encontrar sus inconsistencias y empezar a disminuirlo y a acortarlo, porque de manera natural no podemos desvirtuar un argumento sin antes demostrar por qué está mal.

La atinencia es un concepto fundamental dentro de la lógica que habla sobre algo que pertenece a un tronco o que es derivado solamente de él. De acuerdo con la Real Academia Española *atinencia* significa “tocante o perteneciente” todas estas comparaciones deben pertenecer a la pretensión. Por otro lado, la metáfora es una relación de semejanzas entre los significados de las palabras que en ella participan a pesar de que se asocian a términos que habitualmente no se vinculan. Un ejemplo: *el resplan-*

deciente sol en sus ojos. La metáfora surge para correlacionar la experiencia con el saber, para así dotarlo de sentido.

La metonimia es la sustitución de un término por cuya referencia habitual con el primer término se funda una relación existencial. Por ejemplo: *eres mi alegría* o *Ibrahim tiene corazón.* De una manera figurada, se sustituye una palabra por alguna otra de la cual tenemos una percepción que engloba ambas posiciones.

Las modalidades son modos lógicos que permiten saber si un predicado está dotado de verdad o de falsedad, si es necesario, contingente o posible, sí es cierto, incierto, probable o improbable. Esto tiene una relación con el concepto *performance.* Determina las estructuras integrales de dichos enunciados o modalidades.

1. Virtuales: relacionados con el *performance* de hacer, de ver y de hacer querer.
2. De actualidad: de hacer poder, de hacer saber.
3. Realidad: de hacer.

CLASE 22.
FIGURAS RETÓRICAS (SEGUNDA PARTE)

SUMARIO: *I. Definición de analogía; II. Tipos de analogías; III. Bibliografía.*

I. DEFINICIÓN DE ANALOGÍA

Ahora bien, supongamos que la ley establece que una conducta es grave, misma que está dentro del sistema del Derecho Penal, ¿puede haber condiciones que disminuyan esa gravedad?, ¿y si las hay cómo se harían valer? Así como hay agravantes, también existen las atenuantes, entonces de manera análoga decimos que es el principio contradictorio del sistema penal.

Pensemos que cualquier tocamiento sin consentimiento nos podría llevar a inferir que tenemos un delito, entonces ahí entraría de manera análoga algún delito sexual, no sabemos cuál, pero estamos aplicando un razonamiento de causa y efecto.

Supongamos que se nos imputa el delito X, pero nos dicen que la pretensión es Y el *universo de Y está compuesto por Y1, Y2, Y3,* por lo tanto, este escenario nos llevaría a ciertos resultados. Pensemos que sí se cometió el delito que se nos imputa y que ese delito tiene X, Y y Z, es ahí donde la modelación lleva a probar la hipótesis.

No hay que perder de vista la diferencia entre las figuras retóricas y el modelo de argumentación. Los modelos de argumentación nos sirven para darle dirección a la argumentación.

II. TIPOS DE ANALOGÍAS

Para efectos jurídicos, las analogías más utilizadas son: simétricas, de reciprocidad y las que tienen que ver con la interpretación de un escenario a través de la interpolación y la extrapolación. Estas cuatro son las que de manera mayoritaria se utilizan en la práctica legal.

La interpolación se basa en la evaluación de todas las situaciones posibles de un escenario supuesto o imaginario y de las repercusiones de cada una, y luego se traslada a la situación analizada.[46] Es decir, la interpolación ocurre para interrelacionar la ocurrencia de dos eventos posibles, analizando sus consecuencias.

La extrapolación, por su parte, tiene que ver con llevar a sus máximas consecuencias o asumir lo que es cierto un escenario dado. Dicho escenario nos lleva a diferentes consecuencias que se asumen como válidas o posibles y se relacionan con la pretensión o la hipótesis, afirmación o conclusión. Particularmente el caso de la extrapolación es una manera análoga en la cual nosotros asumimos que un hecho es posible y del cual se derivan las consecuencias.

III. BIBLIOGRAFÍA

Enciclopedia Concepto, voz: *analogía* [en línea], <https://concepto.de/analogia/#:~:text=Interpolaci%C3%B3n.,traslada%20a%20la%20situaci%C3%B3n%20analizada. >, [consulta: octubre, 2023].

---

46 *Enciclopedia Concepto*, voz: *analogía* [en línea], <https://concepto.de/analogia/#:~:text=Interpolaci%C3%B3n.,traslada%20a%20la%20situaci%C3%B3n%20analizada. >, [consulta: octubre, 2023].

CLASE 23.
CASO GARCÍA RODRÍGUEZ Y OTRO VS. MÉXICO[47]

SUMARIO: *I. Breve contexto sobre el caso; II. Hipótesis normativa del caso; III. Elemento sociológico de la argumentación del caso; IV. Bibliografía.*

I. BREVE CONTEXTO SOBRE EL CASO

¿Cuál es la relevancia de todos los datos dentro de una sentencia? Para saber la cronología de los hechos. En el caso Reyes Alpízar, se presentan muchas situaciones muy interesantes, por ejemplo: que hay tanto una Corte Interamericana como una Comisión. Habla sobre algo llamado *excepciones preliminares*, por ejemplo:

> La Comisión consideró que en este caso se configura la excepción al agotamiento de los recursos internos contemplada en el artículo 46.2.c de la Convención Americana respecto del proceso penal34 y de los alegados hechos de tortura35. Con relación a la violación del derecho a la libertad personal por la duración excesiva de la prisión preventiva, sostuvo que García Rodríguez y Reyes Alpízar presentaron múltiples amparos contra el auto formal de prisión y que también solicitaron un control difuso de convencionalidad ex officio respecto de las actuaciones del juzgado y fiscalía intervinientes, sin que dichos remedios hayan sido eficaces para resolver la situación denunciada.
>
> Los representantes solicitaron que se desestime esta excepción que se relaciona con la dilación del proceso, la cual, según el Estado, se debería a la conducta procesal

---

47 Para esta sección del curso se les solicitó a los alumnos leer el *Caso García Rodríguez y otro vs. México. Cfr.* CORTE INTERAMERICANA DE DERECHOS HUMANOS, *Caso García Rodríguez y otro vs. México,* [en línea], <https://www.corteidh.or.cr/docs/casos/articulos/seriec_482_esp.pdf >, [consulta: 18 de octubre, 2023].

> de las presuntas víctimas. Consideraron que ello no solamente es contrario a los criterios establecidos por esta Corte, sino, además, que tal afirmación no se ajusta a la verdad de los hechos y es en sí misma revictimizante. Agregaron, que los alegados recursos disponibles por el Estado no han sido efectivos en su vertiente material, ya que por 17 años imposibilitaron alternativas al encarcelamiento, impidieron el derecho a un juicio justo -con las garantías del debido proceso y con la exclusión de pruebas ilícitas- y no fueron efectivos ni atendieron al plazo razonable en la investigación de la tortura. A su vez, consideraron incongruente que las presuntas víctimas todavía deban agotar otros recursos, cuando ha quedado probado que, a lo largo de 20 años, el sistema de justicia y la multiplicidad de recursos incoados han resultado ineficaces e inadecuados. Sobre el alegato de la falta de agotamiento de recursos internos respecto de la CIPST, adujeron que, según jurisprudencia reiterada de la Corte, el análisis de la responsabilidad internacional por violación a la integridad personal a partir del artículo 5 de la Convención Americana, se realiza de manera conjunta con los artículos 1, 6 y 8 de la CIPST.[48]

Un aspecto muy interesante en ese caso era la ironía con la cual el abogado lo presentó. Lo que se resolvió fue el tema de prisión preventiva oficiosa, sin embargo, no se metieron al tema de tortura. El caso establece un eje argumentativo profundo más allá de la discusión primaria sobre prisión preventiva oficiosa, establece un debate de *higher law*.

II. HIPÓTESIS NORMATIVA DEL CASO

Pensemos que la norma establece una hipótesis normativa, en la cual debe encuadrarse la conducta de una persona, quedará como resultado una conducta regulada. Ahora bien, ¿en qué parte de la norma se genera la vulneración en el caso específico?, ¿cómo se logra probar lo anterior?

El arraigo era prorrogable solamente por dos días sumados a las 72 horas de las que señala el precepto constitucional de aquel momento:

> 50. El presente caso aborda el análisis de dos figuras que se encuentran establecidas en la normatividad mexicana: arraigo y prisión preventiva.
> 51. La figura del arraigo estaba contemplada en el Código de Procedimientos Penales para el Estado de México de 2000. Esa figura fue modificada normativamente y a partir del año 2008 incorporada a la Constitución Política de México (infra párr. 54).

48 *Ibidem*, p. 10.

52. Al momento en que tuvieron lugar los hechos del presente caso, en el año 2002, la figura de la prisión preventiva se encontraba regulada en la Constitución Política de México y el Código de Procedimientos Penales para el Estado de México de 2000. Con posterioridad, en el año 2009, fue modificada en el Código de Procedimientos Penales. A partir del año 2008, fue incorporada a la Constitución Política de México la figura de la prisión preventiva oficiosa. A continuación, se transcribe el contenido de las normas internas a las que se ha hecho referencia.[49]

III. ELEMENTO SOCIOLÓGICO DE LA ARGUMENTACIÓN DEL CASO

Reyes Alpízar pretendía argumentar ante la Corte Interamericana de Derechos Humanos una afectación de corte civil y política no solamente a la libertad de sus garantías y del debido proceso, sino también cómo se afecta y persigue políticamente a una persona.

Para una materia de retórica y argumentación es importante abordar algún tema de la Corte Interamericana porque nos hace ver un elemento sociológico muy importante sobre la manera en la que se construye el sistema. A partir de ese elemento sociológico también podemos entender el estado de cosas actual en materia de Derechos Humanos.

La parte importante que debemos observar es la persuasiva que trata de hacer la Corte, porque trata de distinguir ciertos elementos. Nosotros tenemos en nuestro texto constitucional que los delitos graves ameritan prisión preventiva oficiosa ¿es lo mismo prisión preventiva oficiosa con prisión automática? No, la diferencia se encuentra en el papel que juega el ministerio público. No es cualquier papel, es un papel donde debe justificar por qué debe ser la medida.

IV. BIBLIOGRAFÍA

CORTE INTERAMERICANA DE DERECHOS HUMANOS, *Caso García Rodríguez y otro vs. México,* [en línea], <https://www.corteidh.or.cr/docs/casos/articulos/seriec_482_esp.pdf >, [consulta: 18 de octubre, 2023].

---

49 *Ibidem,* p. 16.

CLASE 24.
HERMENÉUTICA

SUMARIO: *I. Origen de la palabra hermenéutica; II. Definición de hermenéutica; III. El estudio de la interpretación.*

I. ORIGEN DE LA PALABRA HERMENÉUTICA

Los textos legales no son lo suficientemente claros dentro del desarrollo de la norma y no es suficiente con solamente conocer el significado de una palabra que no entendemos y tampoco será suficiente buscar un orden jerarquizado, ya que no encontraremos la respuesta.

La hermenéutica viene de la idea de Hermes, el mensajero de los dioses, y este mensajero funcionaba como traductor y explicaba lo que trataba de decir el mensaje enviado. Lo que debemos destacar es que es la disciplina que arropa a la interpretación, no es una disciplina originaria de los abogados, es más bien originaria de los estudios de la filología.

II. DEFINICIÓN DE HERMENÉUTICA

La hermenéutica es una disciplina muchísimo más grande que no solamente pretende desentrañar el sentido o el significado de una palabra, sino que la busca tener en un contexto y ese contexto puede ser muchísimo más grande de lo que nosotros podemos creer. Esta disciplina, como el estudio de los significados, tiene dos ramas importantes: una que tiene que ver con la lingüística y otra que tiene que ver con la fonética.

III. EL ESTUDIO DE LA INTERPRETACIÓN

El estudio de la interpretación no surge teniendo la concepción de normas, sino de las leyes, que son contenidos en los cuales existe una sustancia que tiene que ser desentrañada. Nosotros empezamos a desentrañar el sentido de lo jurídico en 1950 porque la ley no es solamente la representación de una voluntad divina, sino también de una voluntad política y eso tiene vigencia hasta el día de hoy, porque el contenido de los Derechos Humanos es de carácter político que tendrá que ser materializado después a una disposición normativa.

La parte normativa sobre la cual vamos a interpretar una norma, le va a dar surgimiento a otra norma. Al momento que se haga un tipo de interpretación, se le va a dar surgimiento a un tipo de norma que no existe. Por lo tanto, el juez tendrá la interrogante si es vinculante o no para el caso. Esta actividad que puede ser muy libre tuvo que ser reglada y normada, ya que evidentemente en la historia hubo excesos y estos excesos tuvieron que ser dotados de certeza.

CLASE 25.
EL CHART METHOD

SUMARIO: *I. Introducción al Chart Method; II. Los siete pasos; III. Símbolos en el Chart Method.*

I. INTRODUCCIÓN AL CHART METHOD

John H. Wigmore se propuso desarrollar una regulación jurídica sobre la prueba, a partir de lo cual desarrolla su Chart Method. El Chart Method es una técnica específica para analizar un cuerpo complejo de elementos de prueba, es decir, que todos los datos que son relevantes y potencialmente utilizables en un argumento se analizan en posiciones simples incorporadas en un listado de proposiciones.[50] Una parte fundamental es el razonamiento probatorio, que de manera resumida, se basa en analizar racionalmente las pruebas.

Lo anterior nos lleva a ordenar todos los elementos de un caso para emplearlos en una argumentación.

II. LOS SIETE PASOS

El chart method posee 7 pasos metodológicos:

- El primero, consiste en clarificar el rol de la persona que está analizando las pruebas, es decir, determinar de manera clara la pretensión que se está persiguiendo y desde qué punto de vista se van a analizar las pruebas.

---

50 ATIENZA, Manuel, *Curso de argumentación jurídica, op. cit.*, p. 446.

- El segundo, recae en la formulación de los *probandum* y *probanda*, que potencialmente podrían ser los últimos.
- El tercer paso es formular los potencialmente penúltimos *probanda*.
- Como cuarto paso, deben formularse teorías con una elección estratégica de los *probanda* últimos, intermedios o penúltimos.
- El quinto paso, consiste en elaborar un listado con todas las proposiciones simples.
- El sexto paso, es la preparación del diagrama empleando los símbolos.
- El séptimo paso y final, es la terminación del análisis a fin de refinar, complementar o terminar el diagrama junto con el listado de proposiciones.

III. SÍMBOLOS EN EL CHART METHOD

De esta manera, es necesario comprender los símbolos básicos que se emplean en el Chart Method, que resultan ser ocho:

Los símbolos básicos[51]	
(Cuadrado)	Representa aserciones de los testigos
O (Círculo)	Representa pruebas circunstanciales o proposiciones inferidas
> (Ángulo abierto)	Identifica un argumento que ofrece una explicación alternativa para una inferencia propuesta por la parte
(Triángulo vertical)	Identifica un argumento que corrobora una inferencia propuesta
←↑ (Flecha vertical y flecha horizontal)	Flecha vertical para indicar la dirección de una relación de inferencia entre proposiciones; y la flecha horizontal para indicar que una proposición niega o debilita otra
∞ (Infinito)	Identifica las pruebas que el investigador ha podido escuchar o percibir de otra manera con sus sentidos
¶ (Parágrafo)	Indicar hechos judicialmente admitidos y los hechos notorios
G (Letra G)	Para denotar una generalización que probablemente juega un papel significativo en un argumento a propósito de un caso, pero que no es una proposición apoyada en elementos de prueba o que el tribunal pida que se acepte formalmente

51 *Ibidem*, pp. 446-447.

EL SILENCIO EN EL DISCURSO JURÍDICO

IVÁN ADELCHI PEÑA ESTRADA

"Cada vez que una letra se unía a otra, un no sentido,
La misteriosa forma se trasmutaba en una voz nítida, y el lento clarear
abría el cauce a un significado y su imagen,
de manera que unas pocas letras se convertían en /puerta/ o /casa/.
Así construyen unas letras insignificantes, sin valor alguno por separado,
una casa si se unen"
En Presencia de la Ausencia
Mahmud Darwix

I. INTRODUCCIÓN

El presente ensayo pretende bordear dos conceptos importantes para el pensamiento: por un lado, la idea de silencio como un *modelo ascético* con el cual el Derecho pretende implantar una forma de vida; en otro orden de ideas, la del discurso jurídico como una estructura edificante de sentido sobre lo que se considera como aquello que es *legal –como aceptable– e ilegal –como reprochable–*.

Este trabajo tendrá como pilares teóricos al autor Michael Foucault para exponer la relación con la idea de *discurso* y, por otro lado, tendremos al pensador George Steiner para exponer la idea de silencio. La intención de este ensayo es exponer una idea sobre el Derecho, más allá de un dispositivo del poder, donde se le considera como una fuente política. No se desea renunciar a ella; sino edificar una discusión distinta, más abierta y democrática sobre ella.

La vida del Derecho, es una relacionada con la idea misma de la humanidad y su historia, de la cual es origen y destino. El Derecho como un producto cultural y de su tiempo requiere una redimensión de su capacidad *post- humanistica*[52], de fomentar el diálogo, de abrir la sociedad desde su centro para lograr las expectativas civilizatorias más grandes.

Siempre que existe una discusión sobre la relación entre Arte y Derecho, de manera inevitable, se sumerge en una descripción ontológica de sus componentes. Por desgracia renunció a este tipo de análisis, dado lo categorizante que sería un pensamiento o comprensión de dicho fenómeno. Motivo por el cual, inicio una discusión más fenómica en su implicación en la realidad.

En la génesis de una era moderna nos cuestionamos: ¿pensamos que el Derecho sería el distingo estético de lo justo o lo equitativo?, ¿es acaso, que en algún momento pensamos que la justicia como dimensión virtuosa y artística sería presentada con la forma jurídica? O ¿en la aplicación de coacción y la sanción encontraríamos el avance civilizatorio más grande de la humanidad, que dotaría de certeza y seguridad?; y por último, ¿el Derecho sería el decálogo moral y ético de una sociedad?

Desde nuestra propia experiencia, el surgimiento del Derecho Moderno está entrelazado con la dimensión sensible, sobre qué deberíamos hacer y por qué es lo mejor que podríamos hacer para con la sociedad. Por desgracia este modelo tiene un problema en su origen: *la unidimensionalidad de la norma.* La dogmática jurídica de inicios del siglo XX puso su esperanza en la necesidad de crear visiones sobre el Derecho donde el orden coactivo estuviera marcado de manera preponderante en la formación de la ciudadanía. Posterior a la Segunda Guerra Mundial, se fijó en los Derechos Humanos el potencial emancipatorio de nuestra era, sin demostrar o hacer relevante el papel del Estado de Derecho como un modelo ético de conducta social.

De lo anterior expuesto, se presenta una triada: conducta ética, el Derecho y lo Bello. Esa será nuestra premisa de discusión para demostrar la

---

[52] Este concepto es una expuesto por el filosofo de Frankfurt Peter Sloterdijk en su obra "los caminos de Heidegger" para denunciar una era que reconstruye al sujeto con las nuevas dinámicas éticas y del autocuidado.

relación existente entre el Derecho y Arte. Han sido tres los autores que discuten sobre la relación entre Ética como el buen vivir o como premisa estética, de los cuales se presentarán algunas ideas; a saber: Foucault, Honneth y Sloterdijk. Los dos primeros servirán para poner de manifiesto la primera diada entre Ética y Derecho, el último para discutir sobre la antropotécnica como el modelo del autocuidado individual.

Para el historiador de la genealogía del Poder, Michael Foucault, en el giro de sus trabajos posterior a la publicación de la conferencia *En Defensa de los anormales*, se demuestra una preocupación por las formas discursivas en que los individuos adquieren consciencia de sí y para sí. Con ello se podría decir que al autor le preocupa no sólo la verdad de los sujetos, sino del cuidado de ellos frente a otras prácticas de denominación. El autor afirma lo siguiente en una entrevista:

> Se trata de lo que cabría denominar una práctica ascética, dando a la palabra «ascetismo» un sentido muy general, es decir, no el sentido de la moral de la renuncia, sino el de un ejercicio de uno sobre sí mismo, mediante el cual intenta elaborarse, transformarse y acceder a cierto modo de ser. Tomo así el ascetismo en un sentido más general que el que le concede, por ejemplo, Max Weber; pero en todo caso se trata de algo que va un poco en la misma línea[53]

La idea del *ascetismo* impreso en diversos textos filosóficos está relacionada con la renuncia de los placeres y una conducta que se orienta por el deber. Es aquí donde Foucault muestra un camino poco explorado por la Filosofía: el cuidado de uno mismo. Los discursos o las estructuras sociales, en su seno, tienen una predeterminación de normalización de conductas y de totalizar pensamientos, donde la diferencia debe ser combatida. Sobre esto mismo se expone:

> Es interesante ver cómo, en nuestras sociedades, por el contrario, a partir de un determinado momento -y es muy difícil saber cuándo se produjo esto-, el cuidado de si ha llegado a ser algo un tanto sospechoso. A partir de dicho momento, ocuparse de si ha sido denunciado con toda naturalidad como una forma de amor a uno mismo, como una forma de egoísmo o de interés individual, en contradicción con el interés que hay que prestar a los otros o con el necesario sacrificio de uno mismo [...] Pero dicha salvación se efectúa mediante la renuncia a uno mismo. Se da una paradoja del cuidado de sí en el cristianismo, pero éste ya es otro problema.

---

53 FOUCAULT, Michael, *Estética, Ética y Hermenéutica*, Barcelona, Editorial Paídos, 1994, p. 394.

> Para retornar a la cuestión de la que usted hablaba, considero que, entre los griegos y los romanos -sobre todo entre los griegos-, para conducirse bien, para practicar como es debido la libertad, era preciso ocuparse de sí, cuidarse de sí, tanto para conocerse -y tal es el aspecto con él se está más familiarizado[54]

Uno de los autores que refiere sobre esto mismo es Wilhelm Schmid en su libro *En busca de un nuevo arte de vivir*, donde determina:

> Cuando se habla del arte de vivir irrumpe en el ámbito histórico todo un terreno olvidado ligado al pensamiento y a la existencia [...]; por arte de vivir cabe entender esa destreza elemental- que ha quedado obsoleta ya incluso como término lingüístico- a través de la cual uno puede gobernarse y tratarse a sí mismo[55].

Ante lo expuesto se podría afirmar que el Derecho pertenece a un tipo de esfera de saber o conocimiento que podría reproducir un modo de vida o una serie de reglas para la buena conducta social. Si bien estas afirmaciones, al igual que la pregunta en sí misma han sido renunciadas por cualquier modelo sobre el Derecho (ya que se pregunta siempre en un orden de aplicación, pero no visto como un modelo para ser mejores), la cuestión de fondo está en las patologías inherentes tanto en los modelos tradicionales de enseñanza del Derecho, como en los autores que se presentan para describirlo. No hay una implicación explícita en decir o teorizar si el Derecho es un modelo artístico de modo de vida, para explicar que sin ello no podría ser posible una sociedad justa, armónica o bella.

Ante este escenario el filósofo y sociólogo alemán Axel Honneth a lo largo de sus trabajos pone al Derecho como una esfera de reconocimiento social importante, que materializa e instrumentaliza una serie de derechos subjetivos, pero en su obra *El derecho de la libertad*, expone cuáles son los problemas de sólo considerar la libertad jurídica como un modelo de reconocimiento social. Dicha obra describe cómo las esferas de reconocimiento como el amor, el Derecho y la eticidad son fundamentales para que las sociedades alcancen el *reconocimiento*. Dicho concepto es parte del entramado teórico para determinar no sólo el comportamiento social

---

54 *Ibidem*, p. 397.

55 Schmind, Wilhelm, *En busca de un nuevo arte de vivir: la pregunta por el fundamento y la nueva fundamnetación de la ética en Foucault*, Madrid, Pre-textos, 2002, p. 19.

identitario; si no funciona para explicar el surgimiento de la subjetividad del siglo XXI.

Honneth, en dicho libro, pone de manifiesto tres cuestiones importantes sobre la libertad jurídica:

1. Es una expresión de la autonomía individual que se institucionaliza, no sólo para ser validada por el Estado, sino que es una forma de colectivizar y reconocer a una comunidad autónoma y autodeterminada por las mismas reglas[56].
2. Al tener un carácter abstracto el mismo Derecho garantiza en lo externo una forma racional-instrumental de derechos subjetivos; y en lo interno una manera de formarse éticamente su voluntad[57].
3. Una patología de estas afirmaciones es la preponderancia de la formalidad e institucionalidad en ejecución de los derechos, ya que en palabras del propio autor, se torna más es una forma individual de la autonomía que se pondera o se impone, más allá de comunicar la necesidad colectiva de deliberación sobre un asunto o un derecho subjetivo.

Me gustaría que nos detengamos en la última parte, Honneth en esto último expone el reclamo de las sociedades democráticas del siglo XXI que no se sienten representadas por un ordenamiento jurídico o pretender construir un nuevo ordenamiento para construir un proceso de identificación con él. En ese sentido, el autor reconoce que lo que falla es la forma de comunicación de estas determinaciones, es decir, que cuando se pondera o se determina el contenido de un derecho, se está igualmente deliberando sobre la formación de una ética pública que nos reconoce como colectividad. De ahí el potencial ético y, hasta cierto punto, artístico que podría tener el Derecho[58].

---

56 *Cfr.* HONNETH, Axel, *El derecho de la libertad*, Madrid, Katz, 2014, p. 102.

57 *Idem.*

58 Esto último es una interpretación personal sobre el texto de Honneth, para explicar la finalidad del escrito.

II. EL DISCURSO JURÍDICO EN MICHAEL FOUCAULT

Con antelación se advierte que mucho se ha escrito sobre Michael Foucault desde diversas visiones y corrientes del pensamiento, pero una de las partes menos conocidas, por lo menos desde la Ciencia Jurídica, es la visión que tiene el autor sobre la ética y los modos de vida de una sociedad biopolítica. La parte que desea exponer es la visión de un Foucault que pretende construir un modo diferente de ver y actuar en la sociedad, es decir, que las prácticas discursivas podrían ser una alternativa de configurar a los sujetos en una dimensión más humana y real.

Motivo por el cual se pondrá en primera instancia qué se entiende por *discurso* en la evolución de su pensamiento para demostrar que existía una afrenta con la ética. La disertación de este ensayo estaría limitada sin la exposición de la evolución que existe sobre dicho concepto. El experto y principal traductor del historiador francés expone lo siguiente:

> [...] el concepto de discurso aparece vinculado a dos grandes problemáticas: el objeto de las descripciones foucaultianas y la disposición, fundamentales de la Época Clásica analizada en Les Mots et les choses [...] entendido conjunto de enunciados que provienen de un mismo sistema de formación[59].

Para el autor el lenguaje cumple una parte sustancial de los procesos para los cuales la sociedad hace y es posible construir un armado teórico importante. La vida misma está determinada de manera histórica por el lenguaje. La relación existente entre sociedad y lenguaje es una relación constitutiva entre los actores sociales y sus prácticas, modelos y costumbres para el desarrollo civilizatorio mismo, con el cual se pretende exponer que la relación del lenguaje edifica los procesos civilizatorios que dan espacio a lugares de mayor complejidad y diferenciación social.

El desarrollo del lenguaje puede ser estudiado desde la perspectiva de los procesos de creación de los lenguajes y, de forma inversa, demostrar cómo los procesos constitutivos del lenguaje construyen a la sociedad. Para la autora Debra Salgado, el pensamiento y lenguaje están íntimamente ligados; reconoce que los individuos no pueden, en su parcialidad,

---

[59] CASTRO, Edgardo, *Diccionario Foucault: temas, conceptos y autores*, Buenos Aires, Siglo XXI, 2011, p. 109.

describir el mundo con sus propios términos, dado que es la sociedad misma productora de sentido en la formulación de dichos enunciados. En suma, el lenguaje es una aproximación a la historia y sentido de un conjunto de individuos que en sus prácticas sociales los van determinando.

Como se determina hasta el momento, la idea del *discurso* fue ganando terreno en las Ciencias Sociales, como una categoría e institución que edificaba el cuerpo social. En otro sentido, fue el lenguaje mismo el que desde los trabajos de Saussure, pasando por el psicoanálisis, encontraba a los sujetos sociales anclados en sus prácticas y, ¿el Derecho, como un *metalenguaje*, era un modelo de conformación de lo social?

Desde el inicio, Foucault observa en lo jurídico una forma discursiva, de dominio y técnicas de disciplinamiento social, donde podría denunciarse que el Derecho, para estos efectos, era un instrumento por excelencia de su representación. La disciplina, como lo expone el experto en Foucault, Edgardo Castro, es *un conjunto de técnicas en virtud de las cuales los sistemas de poder tienen por objeto y resultado la singularización de los individuos*[60].

El Foucault que se muestra aquí es uno, pero en otro momento en sus conferencias de 1973 en Río de Janeiro afirmaba lo siguiente:

> Las prácticas judiciales- la manera en que entre los hombres, se arbitran los daños y las responsabilidades, el modo en que, en la historia de Occidente, se concibió y definió la manera en que podían ser juzgados los hombres en función de sus errores que había cometido, la manera en que se impone a determinados individuos la reparación de algunas de sus acciones y el castigo [...], todas estas prácticas regulares modificadas sin cesar a lo largo de la historia- creo que son algunas de las formas empleadas por nuestra sociedad para definir tipos de subjetividad, formas de saber y, en consecuencia, relaciones entre el hombre y verdad...[61]

Si bien, este Foucault que expone al Derecho como práctica, también lo muestra con una visión amplia sobre su contenido histórico con el cual, las dimensiones sociales se van determinando. Aunado a ello, también rastrea las modificaciones que tiene el Derecho para transformar la sociedad.

---

60 *Ibidem*, p. 102.

61 Foucault, Michel, *La verdad y las formas jurídicas*, Madrid, Gedisa, 1980, p. 17.

Si uno observa al Derecho, con los lentes que nos presenta el autor francés, se observarían muchas cosas: al Derecho como dispositivo, como disciplina, como lenguaje, como una *subjetivación*. Y en este último concepto nos detendremos para exponer la profundidad de la empresa *foucaultiana*. Como apunta el Dr. Castro, este concepto aparece como la forma en que el sujeto muere o desplaza por estas formas, dando un área que prioriza las condicionantes que promueven de esta misma[62].

A decir del autor, en este punto su preocupación no es el poder, sino el sujeto mismo para demostrar como hasta cierto punto el Derecho, como otros saberes, habían renunciado a su humanismo, por un tipo de razonamiento o prácticas que le dieran un valor de *verdad*.

Si bien, se exponen algunas partes del pensamiento, ahora es momento de regresar al último Foucault al que he hecho referencia, y que nos será de utilidad para bordear la problemática antes planteada. En las últimas publicaciones relaciones sobre las conferencias dictadas por el autor, existen dos en específico que son importantes para la parte ética y de rescate para el sujeto, una de ellas *Obrar mal, decir la verdad* nos explica cuál es la función, dentro de la técnica de subjetivación, de la confesión en los procesos judiciales. La otra es una serie de entrevistas denominadas *El Poder, una bestia magnifica.*

Con ello, el pensador francés describe la capacidad única que tiene la confesión dentro del orden del discurso jurídico como portadora de verdad[63], y es aquí que Foucault muestra su compromiso, aún más, con el sujeto y expone:

> la forma de una exploración político-epistémica de la historia que apunta no a reencontrar lo mismo en el pasado, sino a mostrar lo diferente, lo singular y lo contingente en el presente: zoom hacia atrás y plano de conjunto, opuesto a la ilusión de necesidad[64]

El compromiso intelectual expresado no es denuncia sino exposición, de una manera más apriorística o aforística, de cómo podemos ver la re-

---

62 *Cfr.* CASTRO, Edgar, *Diccionario Foucault: temas, conceptos y autores, op. cit.*, p. 578.

63 *Cfr.* FOUCAULT, Michel, *Obrar mal, decir la verdad,* Buenos Aires, Siglo XXI, 2014, p. 282.

64 *Ibidem,* p. 288.

lación entre la idea discurso, lenguaje y poder. Ante dichas afirmaciones, la redacción de este ensayo se va dirigiendo en cada momento a la capacidad misma que tienen las prácticas discursivas con lo jurídico, para dejar en sí un testimonio a veces ausente, poco dicho y silencioso de lo que se necesita.

Si bien las teorías contemporáneas del Derecho se esfuerzan en demostrar al Derecho como *ciencia práctica*, en una medida estarían renunciando a su potencial histórico y político que cimienta las coordenadas de la *justicia*. En sí, el Derecho en su función primaria debería dotar de justicia a aquellos que acuden a él, pero como bien evoca este pensador, el Derecho es más silencioso con la justicia y más abierto al unificar los enunciados con una verdad.

Esta verdad, ya sea social, política o históricamente condicionada es una exposición –como denuncia Foucault– de esas prácticas de subjetivación o más de objetivarlo como un medio de estudio, el hombre más como *objeto*.

De la genealogía hecha por el autor se reafirma cómo en los procesos judiciales, hay una modificación del sujeto de manera ontológica:

> [...] las prácticas judiciales tienen el poder de transmutar la fuerza en derecho y el resentimiento frente a la violencia policial en asentamiento ante la evidencia penitenciaria: con frecuencia sustituyen la conciencia de lo arbitrario por la ilusión de lo necesario[65].

Con lo presentado, dividamos la fuerte afirmación del autor:

- Si el Derecho, en sus prácticas, sustituye a la fuerza, lo que se da *de facto* es una simbolización de lo jurídico como signo de coacción, considerando así que las prácticas del Derecho son de represión, no de sanción. Se muestra al Derecho más como un factor de adoctrinamiento que como una fase de conducción de lo social.
- Enuncia que lo probatorio en un juicio es más un signo de violencia estatal frente a los reos y los imputados, y no de demostrar de fondo que el proceso es virtuoso para proponer equidad.

---

65 *Ibidem*, p. 290.

Se podría concordar con el autor que el Derecho tiene un elemento coactivo, para sancionar conductas y prácticas sociales que podrían poner en peligro el desarrollo armónico de la sociedad, pero, ¿la autoridad se debe ejercerse como un fin en sí mismo?, ¿la autoridad y la coacción es lo que debe preponderar en un proceso para fincarle responsabilidad a los sujetos?

La razón de la crítica de Foucault al Derecho puede ser entendida, dado que en su tiempo el Derecho no era un elemento de reconocimiento social; es decir que lo jurídico solo mostraba su rostro autoritario y una visión Estatal, pero la historia de hoy es diversa. Cada día más, el Derecho es una textura abierta a los desprotegidos, a los desaventajados y los más olvidados. Parece ser que aquellos que callaron durante tanto tiempo, el Derecho no pudo omitir su silencio y los insertó en el orden social.

Hoy los ordenamientos jurídicos, son muestra de pluralidad y reconocimiento de luchas sociales, que si bien en su tiempo, tuvieron que abrir estas mismas prácticas discursivas demostrando su talante autoritario, hoy la realidad es otra. Están el texto, se les reconoce como sujetos hablantes y protagonistas en su rol Estatal y democrático. Por ello, esta parte para nuestro tiempo parece encajar, pero más a fuerza o como signo de denuncia, que de manera real y efectiva para la transformación de las condiciones sociales que nos dan lugar.

En la siguiente parte se pondrá énfasis en la construcción relacionada con el ideal ético que hay en el sujeto y sus prácticas en el mundo contemporáneo. De igual modo, se pretende profundizar en la idea de la ausencia y silencio.

III. LA ANTROPOTÉCNICA[66] COMO UN ARTE DE VIVIR

Continuando con la disertación, el filósofo de Frankfurt Peter Sloterdijk es uno autor que propone redimensionar la condición subjetiva en

---

66 Dicha definición es tomada de la obra *Has de cambiar tu vida* del Filosofo Peter Sloterdijk la cual determina que es lo siguiente: "cualquier operación mediante la cual se obtiene o se mejora la cualificación del que actúa para la siguiente ejecución de la misma operación para el autocuidado".

una era *posthumanistica*, a lo largo de sus obras desde *Crítica de la Razón Cínica, Esferas* existe una preocupación profunda sobre qué debemos hacer para salvarnos de un camino que elimina nuestra individualidad.

Es en su obra *Has de Cambiar tu Vida*, donde encontramos el proyecto metafísico y ético más importante que retoma elementos del buen vivir o vivir bien, en un momento donde lo humano es signo de cualquier cosa menos de autocuidado o de ascetismo. Si bien el texto es profundo y amplio, la parte que pretendo resaltar es la idea de la antropotécnica como un ejercicio acróbatico de cuidado frente al mundo. Al hacer un repaso por las *filosofías del autocuidado* como Nietzsche, Kafka, Heidegger, Osho y el psicoanálisis, encontramos una serie de aforismos con los cuales el propio autor presenta la idea del autocuidado:

> *Abandona tu querencia a formas de vida cómodas, muéstrate en el gimnasio, prueba que no te es indiferente la distinción entre lo perfecto y lo imperfecto, enseñamos cómo el rendimiento, la excelencia, el árete, la vítu, no continúan siendo para ti términos desconocidos, ¡admite que para ti existen nuevos motivos!*[67].

Sobre estas premisas, presento algunos enunciados que sean de utilidad para este ensayo, a) si el Derecho es en sí mismo un modelo *acrobático* que nos hace renunciar a un modo de vida determinado y cómo ejecutarlo; b) en la vida misma la renuncia y el ejercicio de lo legal podrían ser una forma en sí misma emancipatoria; c) cómo persuadir a aquellos que no se ejercitan en el arte mismo del Derecho a ejercitarse.

Ante ello el filósofo del Frankfurt diserta: "Si se quiere seguir la ley ritual y proclamar, en las nuevas circunstancias, un rey viviente, habría que buscar un candidato que no sea ni rey ni humano, en el sentido convencional de la palabra...[68]". En este pequeño párrafo podemos interpretar que para el autor la idea acrobática está en subir o ir más allá de lo humano y cuidarse así mismo de no dejarlo de ser para lograr un tipo de antropotécnica. Para los fines de este ensayo es fundamental no perder de vista qué se pretende con el Derecho.

El modelo de vida del Derecho, más allá de gustarnos o no, es un orden impuesto, pero que está por encima de la propia naturaleza o *bestia-*

---

67 SLOTERDIJK, Peter, *Has de cambiar tu vida,* Madrid, Pre-Textos, 2012, p. 53.

68 *Ibidem*, p. 153.

lidad humana: lo que se pretende con ello en fundar un modelo civilizatorio que demuestre cómo y en qué momento es posible creer un tipo de escenario donde puedan actuar.

IV. EL SILENCIO / GEORGE STEINER Y SUS APROXIMACIONES

En toda parte del discurso, el silencio cumple un rol protagónico el cual está marcado por el ritmo y la cadencia que podría expresar, las denuncias o protestas dentro de él están marcadas por segundos de ausencia de un discurso. De dichas prácticas se podrían transformar otras, con las cuales el discurso potencia su lenguaje y muestra su dominio.

En esta sección del ensayo se expondrá la obra *Lenguaje y Silencio* de Goerge Steiner, el cual fue un destacado filósofo y crítico literario que, a lo largo de su obra se demuestra una preocupación profunda por la difusión de la cultura, el saber y su pretensión siempre tenía como punto de partida la literatura como una expresión humana y bella.

El mencionado libro es un ensayo sobre literatura, el lenguaje y lo inhumano que rastrea, desde diversas expresiones literarias el surgimiento del lenguaje y su antípoda el silencio:

> En ciertas metafísicas orientales, en el budismo y en el taoísmo, se contempla el alma como si ascendiera desde las toscas trabas de lo material, a lo largo de ámbitos perceptivos que pueden expresarse en un lenguaje noble y preciso, hacia un silencio cada vez más profundo[69].

De la anterior argumentación, podemos observar distintas cosas; una de ellas, radica en su impronta humanística con la palabra. Steiner, fiel a su compromiso con rescatar a lo humano con los elementos estilísticos y poéticos, manifiesta que las condiciones sociales están en la exaltación artística y de dominio en el lenguaje.

Para el pensador franco-inglés la tradición occidental ha puesto su esperanza y proyecto transcendental en la palabra, para hacer de su sentido clásico un régimen bello, desde la Literatura, la Filosofía, la Teología, el

---

69 STEINER, George, *Lenguaje y Silencio: ensayo sobre la literatura, el lenguaje y lo inhumano,* Madrid, Gedisa, 2006, p. 29.

Derecho, el arte de la historia, entre otras, que demuestran su empresa como experiencia de lo humano[70].

La condición humana que atraviesa la experiencia lingüística, está marcada –como afirma Steiner a lo largo de su trabajo– por su capacidad musical y tonal que logra enfatizar los sentimientos, el ritmo de la vida y los eventos del silencio. El mismo autor, en su recorrido por las diversas eras de la historia, demuestra que la literatura separó la musicalidad del lenguaje de la literatura. Con lo cual, la música adquiría vida frente a la lengua hablada. A su vez, el lenguaje se sumaría a su destino con las precisiones de la cientificidad para perpetuarse como conductor de la verdad[71].

Los escenarios del lenguaje fueron renunciando a su capacidad metafísica, por lo que el autor llamaría a este fenómeno como *raquitismos del lenguaje*[72], para buscar en cada momento guardar más rápido silencio. Steiner insiste que el lenguaje, al ser un ente con vida, siempre busca ser inventivo y claro, pero a la vez bello, con lo cual los escenarios de la ciencia parten del ideal silencioso de la observación.

Bajo el apotegma *el lenguaje se venga de aquellos que lo mutilan,* es el prototipo del ideal humanístico, que deben tener las aproximaciones sobre éste, para hacerlo vívido y vivencial. En dicha formulación, el conocimiento se reconstruye con su impronta humana y ética. Estar vivo y *hablando,* pero lograr su elevación trascendental parte del silencio y *saber cuándo callar.*

La idea del silencio, dominio y espiritualidad está marcada, en gran parte, de la moderna historia de nuestra civilización; más aún, es interesante la referencia que tiene el autor con la ausencia de habla como dominio de ello. Esto no radica en su opresión, sino en la capacidad abstracta de dimensionar mundos. El Derecho no es ajeno a sus prácticas o crisis por así decirlo.

Al finalizar su primera parte del ensayo antes citado, Steiner afirma lo siguiente:

---

70 *Ibidem,* p. 30.

71 *Ibidem,* p. 46.

72 *Idem.*

> Ninguna mentira es tan burda que no pueda expresarse tercamente, ninguna crueldad tan abyecta que no encuentre disculpa en la charlatanería del historicismo. Mientras no podamos devolver a las palabras en nuestros periódicos, en nuestras leyes y nuestros actos políticos algún grado de claridad y de seriedad en su significado, más irán nuestras vidas acercándose al caos[73].

La crisis que ve Steiner en el lenguaje, está marcada por la desconfianza y vaciamiento que tienen las palabras a lo largo de este último ciclo, haciendo hincapié en que lo humano se enumera por las regularidades que tiene el lenguaje para ordenar nuestra vida. Es ahí donde tiene el Derecho un papel fundamental.

Steiner se refiere a las leyes como ordenadoras de nuestra sociedad, pero en dicha afirmación, considera que requieren verdad y confianza en ellas. A diferencia de Foucault no se ve en ellas algo perniciosos o de adoctrinamiento; sino que sus peligros están en la falta de confianza que se puede tener con ellas, que los charlatanes las tomen a ellas.

La claridad es otro fenómeno, que para el autor es importante, dado que ésta permite la cercanía y proximidad con su experiencia. Lo claro siempre es bien hablado, bien dicho, sencillo con lo cual logramos adentrarnos en su mundo. El Derecho, como literatura y discurso, nunca debería renunciar a serlo.

La falta de claridad, siguiendo a Steiner, podría significar omisión, ausencia y mal milagro sobre lo que se tenga que decir. El Derecho es *dictum*, es básicamente una facultad del habla y decir *justicia:* "La voz humana que suscita el eco donde no había antes sino silencio, es tanto milagro como escándalo, sacramento como blasfemia[74]".

V. LOS SILENCIOS Y SUS SUSURROS

Correlacionado lo presentado tanto por Steiner como Foucault, lo que los diferencia es la denuncia y las tácticas. Por un lado, Foucault pregona

---

73 STEINER, George, *Lenguaje y Silencio: ensayo sobre la literatura, el lenguaje y lo inhumano, op. cit.*, p. 51.

74 *Ibidem*, p. 53.

la muerte del sujeto; mientras que Steiner, lo busca entre la literatura, la poesía y las leyes. Por ello, un rescate de la obra de Foucault se encuentra en el anteriormente citado libro de Wilhelm Schmind *En busca de un nuevo arte de vivir, in fine* desarrolla un apartado dedicado el silencio.

Schmind hace una cita del texto de *La volonté de savoir* que dice:

"Existe una gran cantidad de silencios que son partes integrales que portan y atraviesan los discursos[75]", en contraste con lo anterior, se podría afirmar que el silencio es una condicional de todo discurso para dotar de sentido a éste mismo o como afirma el autor "es en el silencio donde cabe hacer la experiencia esencial de espacio en blanco, pues que en su vacío se halla la plenitud"[76].

Otra de las grandes similitudes entre ambos autores es su admiración por oriente y sus filosofías del silencio. Para el autor francés, el mundo occidental debería aprender de su capacidad ascética de las culturas orientales, pero es en su capacidad de silencio existe la condición trascendental de hablar.

Un lenguaje que cobra vida, es un susurro por adjetivar la expresión, que marca la descripción de los autores, dando así forma y verdad a sus prácticas, pero al contrario de Foucault, Steiner admira su vivencia y de ahí su capacidad transformadora.

Por último el Derecho presenta un marco de posibilidades discursivas, el cual puede sumir una identidad unificadora. Para Steiner es fundamental seguir su rescate sobre lo humano, mientras que el Foucault se busca a lo humano, pero se encuentra al discurso. Haciendo así del Derecho un marco de regencias sobre Política, Economía, Historia, Poder… etc.

"Del Silencio procede toda posibilidad –como una vez formuló haciendo referencia a la música contemporánea– de protegerse y defenderse de la precipitación[77]". Demostrando así que los silencios formulan un modo de protección, ¿será acaso, que el Derecho por eso no grita para defender y no ser precipitado?

---

75 *Cfr.* Schmind, Wilhelm, *En búsqueda de un nuevo arte de vivir, op. cit.*, p. 322.

76 *Ibidem*, p. 323.

77 *Ibidem*, p. 324.

VI. CONCLUSIONES

Desde el inicio se pretendía exponer la relación del silencio en ambos autores, con la idea que este fenómeno fuera explicativo de las maneras discursivas en que el Derecho se presenta. Lo jurídico no puede escapar de las prácticas sociales o mejor dicho, se debe a ellas, pero se debe hacer consciencia de su desarrollo y arraigo de sus haberes, para así exorcizar sus genealogías, mostrar que dentro de él hay una mejor forma de vida, hay una forma de convivencia y un arte de vivir.

El cuidado de uno mismo, radica en ese potencial de disfrutar *lo simple*, de comprender lo complejo, de dar cuenta que mucho de lo que hacemos es más o menos comprensible, no es posible hacer otra cosa que curarnos, de una forma total, donde nos adentramos de una droga colectiva, en una aspiración brutal de un sueño pasional de la verdad.

Ese sueño anhelado por todos, de trascendencia, de ir más allá de la realidad. Se funda en que no hay mejor forma de entender la Filosofía como un acto de un viejo que logró hacer el bien, que cumplió con sus promesas, que hacía siempre lo que mejor, lograba dar amor y comprensión.

Los proyectos Nihilista y Posmoderno no fueron en muchos sentidos la destrucción de la *Vida*, como posibilidad de existencia o de *estar-en-el-mundo*; sólo buscaban denunciar la muerte anunciada de una y el siglo que le dio nacimiento. Su necesidad fue malentendida, fue tergiversada por los melancólicos de *un presente que se moría día a día*, de un apego emocional a ese tiempo y a ese modelo.

La Filosofía retoma su camino para dar cura a los males de la sociedad, la cual domestica nuestro ser, pulsiones y pasiones. Es por ello que seguimos llegando a la Filosofía como una mirada para salvarnos de la docilidad intrínseca de nuestra existencia. Pero de igual modo llegamos con el Derecho, en una forma *ascética*, pensando en su capacidad de domesticar, sin pensar en su capacidad de diálogo de consensos. Al Derecho siempre se le mira como un dispositivo perverso, salvaje, pero poco como un modelo de arte de vida y aprender a vivir[78].

---

78 Al respecto, un poco fue el intento de Joseph Raz en su libro *Entre la autoridad y la interpretación*, el cual pretende ser una respuesta ética a cómo enfrentar las ac-

En el Derecho, de igual modo, está una parte sensible que se colectiviza y se retoma como un umbral sobre el arte; al decir que algo es ilegal o ilícito se pretende demostrar lo monstruoso y su naturaleza, para hacer consciente[79] que algo no es adecuado para ciertos fines o siempre denunciar su esencia.

En este escrito se pretende formalizar un tipo de visión sobre el Derecho, donde más allá de sus *dispositivos de dominación* es un modelo de conducta socialmente aceptada y guardada como un modelo del autocuidado individual y colectivo. Es en esta última afirmación que deseo fundamentar este ensayo, que gracias al pensamiento *Sloterdijiano* sobre que el Derecho también puede encontrar un nuevo modelo de fundamentación metafísica o, simplemente, recobrar el sueño de una esperanza pérdida en él.

Para el que redacta el presente ensayo no hay mejor forma de vida que la vida en un marco de legalidad, siendo y entendiéndola como un producto del autocuidado, el diálogo eterno para lograr el proyecto civilizatorio más importante. Por otro lado, se plantea demostrar que *el Derecho no siempre habla,* que su prudencia se debe a la necesidad de no ser precipitado, como expresión humana siempre busca ser histórica y edificante de nuestro actuar.

VII. BIBLIOGRAFÍA

CASTRO, Edgardo, *Diccionario Foucault: temas, conceptos y autores,* Buenos Aires, Siglo XXI, 2011.

FOUCAULT, Michael, *Estética, Ética y Hermenéutica,* Barcelona, Editorial Paídos, 1994.

FOUCAULT, Michel, *La verdad y las formas jurídicas,* Madrid, Gedisa, 1980.

FOUCAULT, Michel, *Obrar mal, decir la verdad,* Buenos Aires, Siglo XXI, 2014.

---

ciones para actuar que son las normas. Si bien los juristas no buscan el convencimiento en el cumplimiento y/u observancia de la norma. Hoy nos preguntamos si es el mejor modo de vivir.

79 Bajo este mismo sentido, Martha Nussbaum en su libro *El ocultamiento de lo humano,* existe una preocupación sobre ello para decir con claridad que no lo jurídico tiene una dimensión correctiva profunda, pero en ella una capacidad sensibilizante.

HONNETH, Axel, *El derecho de la libertad,* Madrid, Katz, 2014.

SCHMIND, Wilhelm, *En busca de un nuevo arte de vivir: la pregunta por el fundamento y la nueva fundamnetación de la ética en Foucault,* Madrid, Pre-textos.

SLOTERDIJK, Peter, *Has de cambiar tu vida,* Madrid, Pre-Textos, 2012.

STEINER, George, *Lenguaje y Silencio: ensayo sobre la literatura, el lenguaje y lo inhumano,* Madrid, Gedisa, 2006.